口絵１　2018年現在の上ヶ原キャンパス［航空写真］
（提供：関西学院広報室）

口絵２　1927（昭和２）年当時の上ヶ原風景

定方塊石画伯（1900、明治 33 年普通学部卒）による。（提供：関西学院法人部）

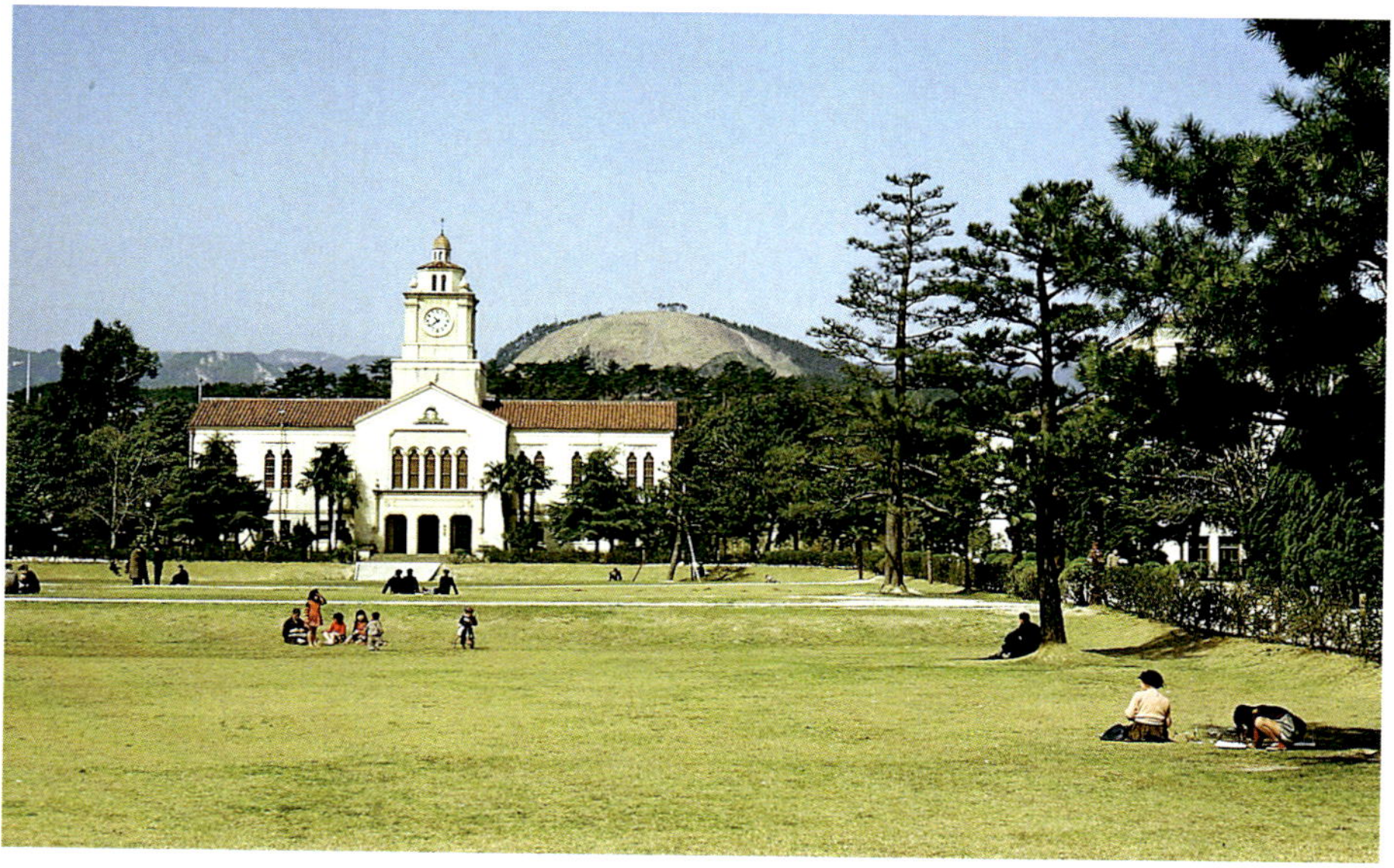

口絵３　1953（昭和 28）年当時の時計台と甲山

（https://annbkennedy.blogspot.com/　撮影：Francis B. Belsh、詳細は第９話参照。）

K.G. りぶれっと No. 46

上ケ原キャンパスあれこれ

昭和前中期の関西学院

今田 寛［著］

関西学院大学出版会

序文

この度、本書がこのような形で今田寛君により出版される運びになりましたことを共に喜びたいと思います。「昭和前中期」というのは昭和九年以降、同君が生まれた頃です。

関西学院近くのクリスチャン・ホームで育ち、学院で学び、教え、要職につき、永い年月を学院とともに歩んできた同君にとっては、関西学院は心の故郷だと思う。このエッセイも故郷を懐かしく慕う思いをもって執筆したことであろう。

因みに、昭和二一年は学制改革の年で、同君は誇り高い新制中学部一回生として入学し、私共は旧制中学部最後の学年で一年上でした。激動の昭和の一面です。

多くの方々が読んで下さることを願っています。

二〇一九年五月二八日

元関西学院院長、元関西学院同窓会副会長　宮田　満雄

〈宮田満雄氏は、私の一学年上の先輩で、高等部時代から長くお世話になった、優しい兄貴のような存在です。今回、人工透析を受けながら、ご体調必ずしも優れない中、巻頭を飾って下さったこと、心から感謝しています。〉

はじめに

関西学院が一九二九（昭和四）年に神戸*から西宮に移転し、上ヶ原キャンパスを開設して九〇年が経つ。そのうちの六六年間は、校地は上ヶ原キャンパス一つであった。しかし一九九五年に神戸三田キャンパスが開設されてからは、キャンパスは下記のように次々と増設され、関西学院はいまや八つのキャンパスを擁するにいたっている。以下は現在の八キャンパスの正式呼称である。

一九二九（昭和　四）年　西宮上ケ原**キャンパス
一九九五（平成　七）年　神戸三田キャンパス
二〇〇〇（平成一二）年　大阪梅田キャンパス
二〇〇三（平成一五）年　東京丸の内キャンパス
二〇〇八（平成二〇）年　宝塚キャンパス

* 関西学院発祥の地〝原田の森〟は、正しくは当時はまだ神戸市に含まれていなかったが、本書では便宜上、神戸・原田の森という表現を用いる。
**本書タイトルと、この正式呼称以外は「上ヶ原キャンパス」と、私が長年馴染んできた小さなヶで通すことにする。

二〇〇九（平成二一）年　西宮聖和キャンパス
二〇一〇（平成二二）年　千里国際キャンパス
二〇一九（平成三一）年　西宮北口キャンパス

このような発展は喜ばしい。しかし拡大にともなって上ヶ原キャンパスの存在が相対的に小さくなる中で、また時代の移りと共に上ヶ原キャンパスの語り部がどんどん少なくなる中で、昭和期にこのキャンパスで培われた関西学院らしさ、歴史と伝統が、このままでは先細りするのではないかと危惧される。

本書は、そのような念にかられてまとめた「上ケ原キャンパスあれこれ――昭和前中期の関西学院」である。上ヶ原キャンパスで殆どその全生涯を過ごした者の一人として、折々に書き、話してきたことを下敷きにして書き残しておきたい昭和の関学の話である。昭和と言っても、大学紛争までの昭和というべきであろう。六四年間の昭和の最後の二〇年間は、それまでとはかなり異なるように思うからである。

世の中はゲマインシャフト（共同社会）からゲゼルシャフト（利益社会）へ進むという。昭和前中期の関学は規模も小さく、構成員が人格的に結合しあった共同社会だったように思う。そして、そのような社会においてこそ集団の個性は生まれ、培われると思う。ゲゼルシャフト化、グローバル化で一律・一様化が進む中で、関西学院の個性のルーツを残すために、あえて場所と時を限定した、一見、時代錯誤的なものを残したいと思った。関西学院の風・光・力を令和に伝えるために。

追記

一、各時代の学院史、関西学院事典は当然参考にしているので、参考文献にいちいち挙げることはしなかった。

二、本書は一〇話からなっているが、取り上げている話題は、ほぼ時代の古いものから順に取り上げている。

三、執筆にあたって読者として念頭にあったのは、上ヶ原キャンパスで過ごす中・高・大のすべての生徒と学生の他、上ヶ原キャンパスで学生生活を送った卒業生もイメージした。関西学院と上ヶ原キャンパスについて、知っているつもりで案外知らないことが多いのではないかと思う。

四、殆どが、これまで書いたり話したりしたものが基礎にあるが、その都度写真や資料を学院史編纂室、広報課、施設課などから提供していただいた。また課外活動関係に関する情報は学生課にお世話になった。記して感謝する。

五、出版に当たっては、関西学院大学出版会の田中直哉、戸坂美果の両氏に大変お世話になった。また文学部の総合心理科学科助手・斉藤元幸君には技術的なことで随分助けてもらった。さらに文学部の森田雅也教授にもお世話になった。これらの皆さんに心から感謝する。

八五歳の誕生日を迎えた
二〇一九年五月三〇日

甲東園にて　今田　寛

目次

第一話　上ヶ原キャンパスの誕生

原田の森キャンパス

関西学院は、一八八九(明治二二)年、アメリカの南メソジスト監督教会の宣教師、W・R・ランバス(一八五四―一九二一)によって神戸・原田の森に創設された。専門学校レベルの神学部とほぼ現在の中高に相当の普通学部の二学部で、初めはそれぞれの学生・生徒数七人・一二人、教員五人でのスタートであった。しかし原田の森時代の最初の二〇年間の関西学院の歩みはまことに細々としたもので、年平均の卒業生数は二学部合わせても六人にも満たず、卒業生ゼロの年が各学部とも二〇年中九年もあった。

しかしこの状態は一九一〇(明治四三)年に、後に一九二〇年から二〇年間院長をつとめることになるC・J・L・ベーツ(一八七七―一九六三)を輩出したカナダ・メソジスト教会の学院への運営参画で、経営基盤が強固となることによって大きく変わった。その結果、その他の要因も加わって、大正の一五年間には、学部は普通学部(中学部に改称)、神学部に加え、文学部、高等商業学部の四学部となり、年毎の卒業生数も三五人から三一六人へと大幅に増加した。さらに校地面積も、初期の一万坪から二万六七〇〇坪へと増え、写真1に見るように校舎も充実し、原田の森キャンパスは順風満帆の発展をしているかに見えた。

写真1　上ヶ原移転前の原田の森キャンパス
現在の阪急電鉄王子公園駅の山側、王子公園の位置とほぼ重なる。
（提供：関西学院校友課）

大学令の発布

しかし一九一八（大正七）年の文部省による大学令の発布は、関西学院に大きな動揺をもたらすことになる。つまり大学令の発布によって、これまで国立大学にのみ許されていた大学の設置が私学にも許されるようになり、早くも一九二〇（大正九）年二月には慶応、早稲田が専門学校から大学に昇格し、大正年間には関西学院を除く関・同・立を含む二二校が大学に昇格したのである。ところが関西学院は第一次大戦後の経済不況のため北米の教会からの資金援助が期待できない中、大学設置に必要な供託金六〇万円の準備ができず、学生、教員の強い要望にもかかわらず大学昇格への道は難航し、他校に大きな後れをとることになった。写真2は当時の学内の雰囲気を物語っている。

このような中で浮上したのが、現在の西宮市上ヶ原（当時は兵庫県武庫郡甲東村上ヶ原）へのキャンパスの移転案であった。これには学内にも賛否両論があり、神戸市の猛烈な引き止め工作もあったが、多くの教員がこの案を支持していたことは写真3からもわかる。

写真2　大学昇格を願って学生たちが作ったポスター
（提供：関西学院大学学院史編纂室）

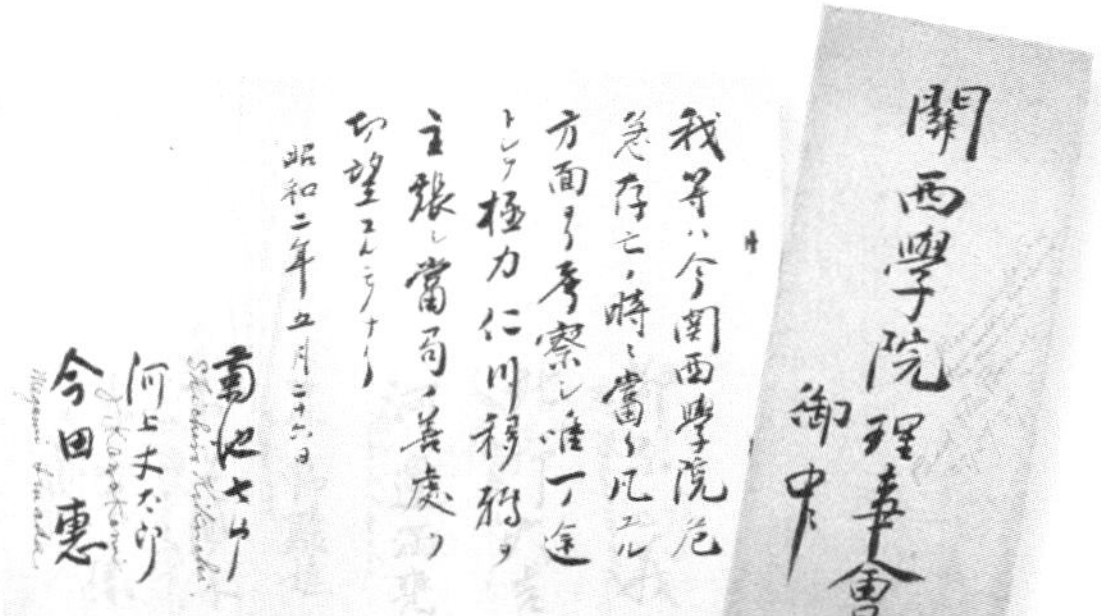

写真3　教員の連署による仁川（上ヶ原）移転要望書の最初の頁
（提供：関西学院大学学院史編纂室）

上ヶ原キャンパスへの移転

そしてこの要望書が提出された日に開かれた理事会において、関西学院は上ヶ原移転を決定する。この決定の背後には、当時市街化が進んで地価が上がっていた原田の森キャンパス二万六七〇〇坪が三二〇万円の高値で売却できたこと、そして当時まだのどかな農地であった上ヶ原の土地七万坪が五五万円という安価で購入できたことがあった。

写真４　巻頭口絵２にある定方塊石画伯の絵の模写（16頁の追記参照）
（提供：西宮市役所情報公開課）

キャンパス移転前の上ヶ原農地風景は、一九〇〇（明治三三）年普通学部卒業の定方塊石画伯による巻頭に掲載の口絵2がよく知られているが、上の写真4はその模写である。実はこれらの写真に見られる土地の多くは、ここから東にかけて甲東園という名の果樹園をもっていた大地主・芝川又衛門の土地であり、まず氏の尽力で自分のものを含めて校地に必要な土地が確保され、それが原田の森キャンパスを買い取った阪神急行電鉄（現在の阪急電鉄）に一旦売却され、それを関西学院が購入したようである。そして学院と阪神急行電鉄の小林一三との間に立って土地の売買の交渉を具体的に進めたのが実業家河鰭《かわばた》節であった。

　このようにして購入された上ヶ原の土地は、巻頭口絵2のカラー写真に見る通りであるが、この絵には、甲山はもとより、長くキャンパス内にあった三つの池が青色で描かれているので場所が確定できる。左手前には現存の新月池（門戸池）が見えるので、手前の農道の端あたりが現在の正門であろうか。そして甲山手前には、かつて時計台の裏にあった池（神呪《かんのう》池）が、またその左には、後の高等部校舎（移転当時は中学部校舎）の北側にあった池（上池）も見える。この池も今はなく体育館南棟が建っている。三つの池は18頁の航空写真によりはっきり見える。

写真５　上ヶ原キャンパス起工式で鍬を持つベーツ院長
1928年2月29日
（提供：関西学院大学学院史編纂室）

　移転予定先はこのように、当時は一面の農地ではあったが、すでに一九二二年には現在の甲東園駅が、一九二三年には仁川駅が開業されていたので、学生の通学の便の見通しは立っていたようである。逆に言えば、小林一三は、将来、多数の学生が阪急電車を利用することを計算の上で、原田の森キャンパスを高値で買い取り、上ヶ原キャンパスを安値で売却したようである。

　このようにして、関西学院は一九二八（昭和三）年二月二九日には起工式を迎え（写真5）、一九二九（昭和四）年に無事上ヶ原キャンパスへの移転を果たし、一九三二

（昭和七）年には悲願の大学昇格が認可された。慶応、早稲田、同志社に遅れること一二年である。そして一九三二年からは二年制の大学予科が、続いて一九三四（昭和九）年には、法文学部と商経学部の二学部からなる三年制の大学が発足することになった。

なおキャンパス移転の過程を詳しく知る上では、移転問題に特化した詳しい英文回想録を残したH・W・アウターブリッジ元院長（一八八六―一九七六）の記録（『関西学院七十年史』）は興味深い。氏は、「私は、長年にわたって学院移転計画の発起人を自認している四人組の一人であった」とした上で、ご自身、菊池七郎、ウッズウォース、それに少し遅れての参加者として河鰭節の名を挙げている。詳しくは述べられないが、その中で紹介されている興味深い秘話として、一九二三（大正一二）年に関東大震災を経験した日本政府が、首都機能の移転候補地として上ヶ原の土地に注目していたという話がある。大阪と神戸という二大都市に適度に近くその真ん中にある自然豊かな上ヶ原キャンパスの魅力が、第三者によって認定されていた思いがする。

上ヶ原はキャンパスとして一等地だと思う。

写真４追記

写真４の模写は、芝川又衛門の後継者、芝川又四郎が往年の上ヶ原風景を懐かしみ、太平洋戦争後に、田能村直外画伯（一九〇四―一九九七）に定方画伯の原画の模写を依頼し作成され、手元に置いていたものである。その後この絵は、一九五八（昭和三三）年に甲東園駅にある西宮市役所甲東支所に寄贈され、現在は支所長席の後ろの壁に掛けられている。支所を訪問するとカウンターから奥の壁に見える。（電子資料提供：

西宮市役所情報公開課）

【参考文献】……………………………………

R・M・グルーベル（監修）、神田健次・池田裕子（編） 二〇一九 ベーツ宣教師の挑戦と応戦 関西学院大学出版会

今田寛 二〇一九 ハミル館一〇〇年の歩み 関西学院史紀要 二五、一三三―一六四頁 http://hdl.handle.net/10236/00027601

「甲東の文化財を訪ねて」―石造物を中心に― 改訂委員会（編） 甲東の文化財を訪ねて―石造物を中心に― 改訂版 甲東文化財保存会

Outerbridge, H. W. 1959 Kwansei Gakuin Memories. 関西学院七十年史、五七六―五八六頁 関西学院七十周年記念事業中央委員会

移転当時の上ヶ原キャンパス

現在高中部がある左手前の区画は、未整備で農地のままである。中央芝生も未整備である。21 頁の第二話写真 2 も参照。

（提供：関西学院大学学院史編纂室）

第二話　上ヶ原のキャンパス・デザイン

ヴォーリズによるキャンパス・デザイン

第一話でも見たように、農地と数軒の農家の外には何もない上ヶ原の地に関西学院は新キャンパスを開設することになった。そしてキャンパス・デザインは、すでに原田の森時代に一五もの建造物（第一話、写真1の★（12頁））の設計に携わったW・M・ヴォーリズ（一八八〇―一九六四）に委ねられた。写真1は移転当時の上ヶ原キャンパス北半分のジオラマであるが、周知のように、正門と時計台の先端を結ぶ直線を軸に、中央芝生の左右に主な校舎をシンメトリーに配した美しいキャンパス・デザインである。建物もクリーム色の壁と朱色の屋根の明るいスパニッシュ・ミッション・スタイルで統一されて美しく、その後もこのスタイルは継承されている。

写真1のジオラマの中で、当時の外観をほとんどそのまま今に残しているのは、芝生の右（北）側の文学部棟（現文学部本館）、神学部棟、芝生の左側の商経学部棟（現経済学部本館）と、新月池の左側の高等商

写真１　移転当時の上ヶ原キャンパスの北半分のジオラマ
このジオラマは、今は時計台２階の博物館に置かれている。
（提供：関西学院大学博物館）

業学部棟（現商学部本館）、それにキャンパス北端に並ぶ宣教師館（これは一〇棟が九棟になった）と北端のハミル館、正門横の門衛室である。中央講堂は学院創立一二五周年を記念して新築され、中央の時計台も両翼が増築され、法人本部棟はより大きな本部棟の一部に組み込まれた。その他は殆ど建て替えられたか姿を消した。なお時計台は、施工の竹中工務店によって寄贈されたものである。竹中工務店とはその後もおつきあいが長く、愛情をもって建物の面倒を見てくれている。

　なお、写真2は移転当時の上ヶ原キャンパスの航空写真であるが、写真の左下半分には何もない。後にここに下のグラウンドが出来、一九三三（昭和八）年には、大学予科棟（現在の高中部本部棟）が建つことになる。

キャンパス・デザインに影響を与えた芝川家

　この上ヶ原キャンパスにはヴォーリズ以外にも影響を与えた人がいた。それは上ヶ原の元の地主の芝川家の人々で

Kwansei Gakuin Airplane view.

写真２　移転当時の上ヶ原キャンパス 鳥瞰（絵はがき）
18頁の写真よりも整備が進んでいる。（提供：絵葉書資料館）

ある。一九二三年に芝川家の家督を継いだ芝川又四郎は、新キャンパスはアメリカの大学のように周辺には一切柵を設けない外に開かれたものであってほしいと、当時のベーツ院長に要望したと言われている。この要望に応えて、最初は正門すらもなかったという。残念ながら今日の上ヶ原キャンパスは堅固な門扉や柵や塀で囲われ、夜にはゲートは施錠されるようになってしまったが、私が中学部、高等部時代の昭和二〇年代のキャンパスは、誰でも、いつでも、どこからでも入ることのできた開放的なものであり、それがいかにも関学らしかった。

芝川家のいま一つの影響は、又四郎の父・又衛門が、上ヶ原キャンパスの完成を記念して、自分の当時の年齢に合わせて七七本のクスノキの若木と、一五〇本の桜を学院に寄贈したことで、それらが大きく成長し、今日の上ヶ原キャンパスの美しい緑の基調をなしている。これについては第七話「上ヶ原キャンパスのポプラとクスノキ」を見てほしい。

二・四キロメートルの直線を軸にデザインされた上ヶ原キャンパス

しかし私が上ヶ原キャンパスのデザインで、もっともスゴイと思うのは、そのスケールの大きさと精神性である。先に、上ヶ原キャンパスは「正門と時計台の先端を結ぶ直線を軸に」デザインされたと書いたが、実はこの軸線はもっと長いのである。私が撮った写真3を見てほしい。

写真3は、甲東園からのバス道が七曲りを経て、上甲東園で直線道路に入るところにある関西学院教会の前から甲山を望んだ写真である。ヴォーリズは、キャンパスを設計するにあたって、かつて芝川農園の大きな黒門があったこの位置に立ち、甲山を望み、ここを起点とし甲山の頂上を終点とする直線を軸にキャンパス・デザインの構想を巡らせたに違いない。そして建築家であると同時に宣教師でもあったヴォーリズの念頭には、「われ、山に向かいて目をあぐ……」という旧約聖書の詩編第一二一篇が浮かんだに違いない。

写真3　上甲東園、関西学院教会前から関西学院と甲山を望む
（撮影：著者）

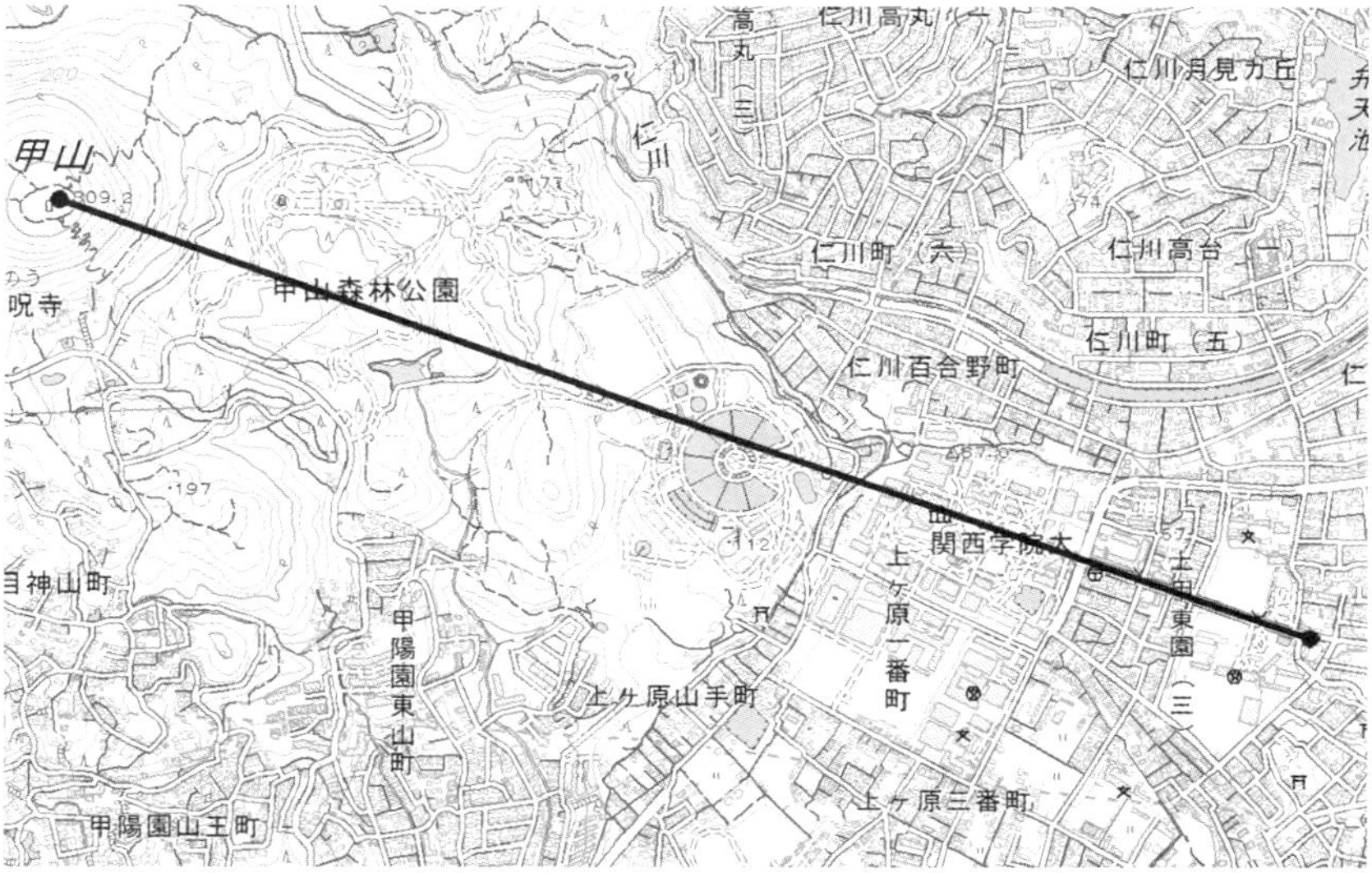

写真４　関西学院教会前を起点とし、甲山の頂上を終点とする、2.4 キロの軸線上にデザインされた上ヶ原キャンパス
（出典：国土地理院ウェブサイト https://maps.gsi.go.jp/#15/34.769661/135.346756/&base=std&ls=std&disp=1&vs=c1j0h0k0l0u0t0z0r0s0m0f1 をもとに作成）

そして、将来このキャンパスで学ぶことになる若い学生に、どうかキリスト教の精神を基軸にして、ブレのない真っ直ぐな人生を歩んでほしいとの期待を強くもったに違いない。

写真4は、国土地理院のウェブサイトにある西宮の地図上に、この起点と終点とを結ぶ直線を引いたものであるが、この直線は見事に関学の正門、中央芝生の中央、時計台の先端を通って甲山の頂上に至っている。そしてその距離を地図から割り出すと約二・四キロメートルになる。日本中のどこに、二・四キロの直線を軸にデザインされたキャンパスがあるだろうか。このスケールの大きさと精神性をそなえたキャンパス・デザインを私はスゴイと思うのである。

起点からの写真を撮ると、どうしても終点からの写真もほしくなる。そこで甲山に登り、頂上付近から撮ったのが写真5である。現在の甲山の頂上は樹木に囲まれて上ヶ原キャンパスへ

写真５　甲山の頂上付近から軸線の起点を望む
写真右上の建物が、起点の側の関西学院教会
（撮影：著者）

の視界は遮られているので、少しずれた位置での撮影で我慢せざるを得なかった。いつか時計台の先端と道路中央の白線をきっちりと一致させた写真を撮りたいものである。しかし頂上付近の樹木が邪魔するかぎり駄目だろうし、八五歳の私にはもはや無理だろう。

なお一時代の関学生は、在学中に一度は必ず甲山には登ったものである。当時必修であった体育の時間に「甲山マラソン」があったからである。いまの関学生も在学中に一度は標高三〇九メートルの頂上に立ってほしい。関学スタンプ・ラリーでも提案しようか。

［参考文献］

今田寛　二〇一七　関西学院教会創立百周年記念講演　関西学院と関西学院教会とハミル館　関西学院教会百年史――80年史
その後　日本基督教団関西学院教会

第三話　甲山の話

これまでも見たように、甲山は関学のシンボルである。私はその甲山の東、甲東園で生まれ育った。したがって思い出も多い。

甲山のハゲ

私の小学校時代（当時は甲東国民学校と言った）、「甲山のハゲ」というあだ名の友達がいた。太平洋戦争中の栄養失調による円形脱毛症だったのだろうか。当時、男の子は丸坊主だったのでよく目立った。実は私が国民学校一年生の時（一九四一、昭和一六年）、家族で宝塚ゴルフ場にピクニックに行っている最中に甲山に山火事が起こり、遠目にそれを目撃した記憶がある。その結果、甲山の東斜面の一部が消失してハゲができた。そしてこれが私の友人のあだ名のルーツとなった。

実は甲山は、太平洋戦争が終わった翌年の一九四六（昭和二一）年に、再び大きな山火事にあい、東斜面は、もはやハゲとは言えないほど大きく消失した。写真1はその大火の六年後の写真であるが無惨である。また同じ時期に撮影された巻頭口絵3のカラー写真にも大きなハゲが見られる。

甲山の山火事はこれが最後で、それ以後は植林が始められた。しかし山火事の爪痕は大きく、火災から一五年以上もたった一九六二（昭和三七）年においてさえ、甲山は写真2のような状態であった。それ以後の甲山の緑の復活の過程は、歴代の大学卒業アルバムを辿ると明らかである。それによると、甲山が完全に緑を取り戻すのは一九八〇（昭和五五）年頃のようである。何と、山火事によるハゲの回復に三五年を要したことになる。

写真1　1952（昭和27）年の上ヶ原キャンパスと甲山
キャンパスの東側（正門前）は、まだ一面、畑である。
（提供：関西学院大学学院史編纂室）

以上が、私自身が体験した甲山の二つの山火事とその結果としてのハゲ、およびその後の話である。しかし甲山のハゲの歴史はもっと古いようである。例えば定方画伯が描いた上ヶ原風景（巻頭の口絵2参照）を見てほしい。これは一九二七（昭和二）年の甲山の絵であるが、ここにもはっきりとハゲが見える。実は昭和一六年の山火事で出来たハゲはこの

写真２　1962（昭和 37）年の上ヶ原キャンパスと甲山
この頃になるとキャンパスの東側（正門前）は宅地化されている。
（提供：関西学院大学学院史編纂室）

ハゲを山裾まで延ばしたような形だったと記憶する。

それではこの口絵2のハゲの原因は何だったのか。

『甲山神呪寺史』には次のような話が出ている。一八世紀のことであるが、甲山の所有に関してお寺と東の四ヶ村（門戸、段上、上大市、下大市）の間で争いがあったようである。当時お寺は衰退して力もなく、それに乗じた村人たちは甲山を牛飼いの草刈り場として用いていた。ところが一七二五年に甲山が寺領であるとの判決が下ると、村人たちはその「恨みもあって、……時には集団的に松木の盗伐を行い、一山を裸にしてしまったこともあった。裁決は名だけのものとなり、以後数十年は、これまでと同じような状態がつづいた」とある。しかしこれはお寺側の記録であり、別のところには、村人たちにも甲山の用益権が認められていたともある。写真3は一八〇〇年頃の甲山の南斜面（神呪寺側）であるが、甲山はほぼ丸坊主である。いずれにしても、上ヶ原キャンパス開設時の甲山のハゲの遠因はその辺にあるのかもしれない。

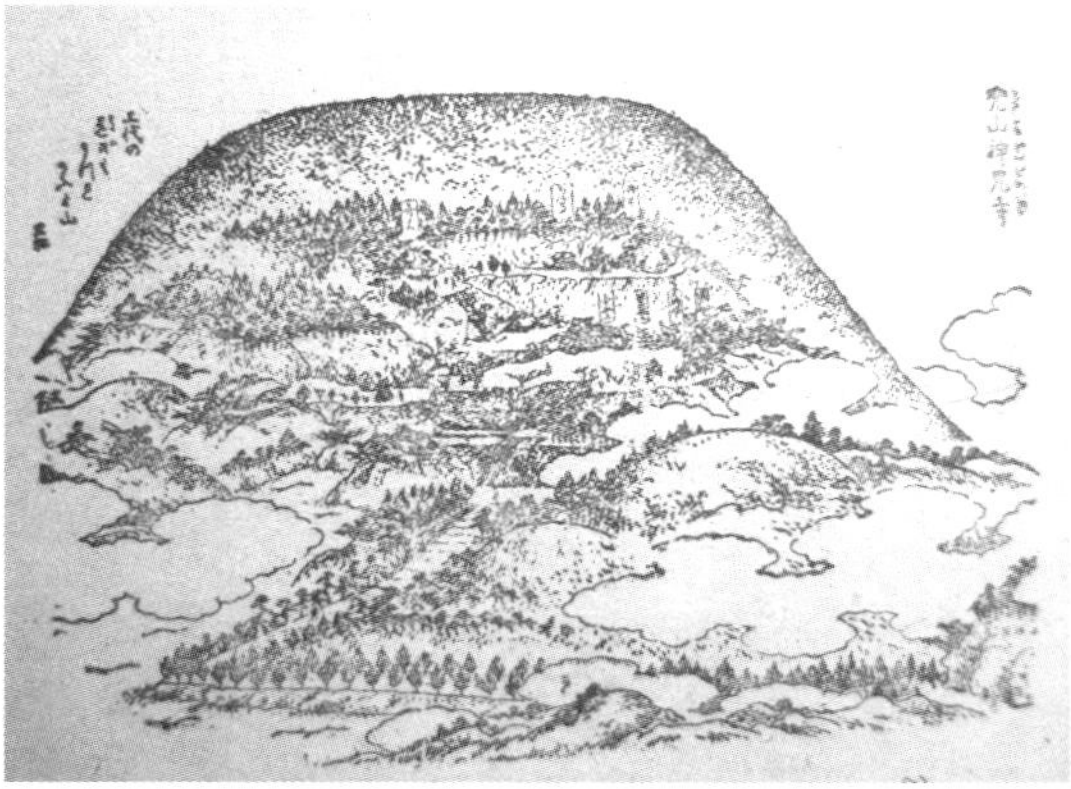

写真３　1800 年頃の神呪寺と甲山南面
関学は甲山の東側に位置するので、この絵の右側にある。
（出典：『摂津名所図会』1796）

写真４　1931（昭和６）年の関西学院と甲山
小林泰次郎による。
（提供：関西学院校友課）

再び時代を昭和初期に戻そう。

写真４はのどかな昭和初期の正門前のたたずまいをよく残している絵なので、よく引用される。甲東園にお住まいだった小林泰次郎氏による油彩画である。この絵の甲山のハゲと、次の昭和一〇年の写真５の甲山を比べてみてほしい。昭和一〇年には明らかにハゲは南斜面に向かって広がっている。一体何が起こったのか。

どうやらこれは、一九三六（昭和一一）年に神戸・西宮沖で開催された大日本帝国海軍の観艦式（海軍が行う軍事パレード）を山上から眺めるために、南斜面の樹木を伐採したためにできたハゲのようである。阪急電車宣伝の観艦式拝観高台の一つとして甲山が指定されているし、私の姉と兄も父に連れられて甲山から観艦式を見た記憶があるというので確かであろう。写真6は観艦式の様子であるが、当時のものではない。

　このように甲山はその長い歴史の中で、人の欲により、都合により、不注意による火災によって振り回されてきたようである。一九八〇年頃から今に続く緑豊かな甲山の姿は、ようやく安らぎを得た平和ゆえの姿だと思うと感慨深い。しかし今日、甲山の頂上は樹木によって景観が遮られているのが残念である。

写真５　1935（昭和10）年の上ヶ原キャンパス
（提供：関西学院大学学院史編纂室）

写真６　『紀元二千六百年特別観艦式記念』絵はがきの一部
海軍省発行、1940（昭和15）年

写真７　神戸開港を伝えたイギリスの新聞、The Illustrated London News（1868年３月28日号）より
この銅版画のもとになったのは、イギリス海軍士官F. J. パーマーのスケッチである。

甲山のミドリ

これまでは甲山のハゲの話ばかりをした。しかし実のところ、甲山は古来、むしろそのミドリ（緑、翠）が特徴だったようである。甲山は六甲山系のはずれにある山であるが、六甲山は花崗岩でできているために草木が生えにくく、近年の植林が始まるまでは禿山が目立ったようである。これに拍車をかけたのが神戸港の開港と神戸の街の開発で、なけなしの樹木も多く伐採されたとある。写真7は明治元年の六甲山の姿であるが、樹木は見当たらない。説明文にも、「いくつかの頂きに向けて、部分的にモミや松の木で覆われている」とある。また巻頭の口絵2や第一話の写真4（14頁）に見られる六甲山にもハゲが目立つ。

このような六甲山の姿に対して、甲山は六甲山とは異なり、草木を宿す安山岩で出来ているため、六甲山のように山肌を露出させる姿にはならなかったようである。この点について、かつて関学で地理学を教授された渡辺久雄氏は、その名著『甲東村』（一九四〇、昭和一五年）の中で次のように述べておられる。「さてこのような岩石の差異は土壌にまで差異を与えるせいか、巨

写真８　『日本名山図会』（1804）に描かれた六甲山
左端に小さく見えるのが甲山。逆瀬川が武庫川に合流する地点近くから南西を望む。

岩洛々としてその間、松と禿山を特徴とする六甲山に対して、この山（注：甲山）ばかりは闊葉樹（注：広葉樹）が鬱蒼と茂っているので、麓の神呪寺のお寺を一層有難くしてくれる」とある。写真8は、一八〇二年の名山図会に描かれている六甲山であるが、六甲山は山肌がむき出しであるのに対して、左端に小さく見える甲山だけは黒く描かれている。

まだ私の中には多少の謎は残るが、単に樹木がない状態と、砂の山肌が露出した状態とでは、同じハゲでも異なり、甲山は後者のハゲにはなったことは一度もなかったことは確かなようである。

漢詩に謳われた冑山の翠

甲山のミドリは、江戸時代の漢詩にも謳われている。

例えば大阪の儒学者、篠崎小竹《しのざきしょうちく》（一七八一―一八五一）には次の漢詩がある。もっともここでは、甲山は六甲山のことで、おなじみのカブトヤマは冑山と書かれている。

「冑山滴翠《かぶとやまてきすい》」　篠崎小竹

甲山無一樹　冑山翠逾明　（甲山《こうざん》　一樹《いちじゅ》無し　冑山《ちゅうざん》　翠《すい》いよいよ明るし）

行人西駅道　如送又如迎　（行人《こうじん》　西《にし》の駅《うまや》に道《どう》す　送るが如く又は迎えるが如し）

武藤誠氏によるとこの漢詩は、当時京都と西国を往復する旅人が西国街道（現一七一号線）で西宮あたりを過ぎるとき、「山肌が荒れて一樹もない六甲山の山なみに比べ、したたるような緑が逾《いよいよ》あざやかな冑山《かぶとやま》が旅情を慰めてくれる印象を詠じた佳作」という。なお右の漢詩の括弧内の書き下しについては関西学院大学文学部文学言語学科の森田雅也教授の協力を得た。同氏の解説によると、左の一行の意味は「旅人が西国街道の宿場を往来している。甲山は彼らを見送ってくれるし、あるときは迎えてくれる。緑豊かなありがたい道標よ」である。

また同時代の儒学者・頼山陽（一七八〇―一八三二）が謳った『冑山歌』もある。頼山陽は、故郷の広島の竹原から京都の間を何度となく西国街道を往復し、その都度甲山を眺め、悠久の甲山と、限りあるわが人生を対比させ、それを次の三八文字に託した。写真9はこの漢詩碑で、甲山森林公園内の神呪寺近くの広場にある。ここに謳われている冑山も翠である。

「冑山歌」　頼山陽

冑山昨送我　（かぶとやま　さく　われを　おくり）

冑山今迎吾　（かぶとやま　いま　われを　むかう）

黙数山陽十往返（もくして　かぞえれば　さんよう　じゅうおうへん）
山翠依然我白髪（さんすい　いぜんとして　われは　はくしゅ）
故郷有親更衰老（こきょうに　おやあり　さらに　すいろう）
明年當復下此道（みょうねん　まさに　また　このみちを　くだるべし）

一コマの休み時間があれば行ける距離である。ぜひ一度散歩で訪れ、この漢詩碑を見てほしい。

なお森田教授は、頼山陽は先の篠崎小竹の漢詩を知って冑山歌を作詩した可能性は十分あるとしている。

写真９　甲山森林公園内の冑山の緑を謳った頼山陽の漢詩碑
（撮影：著者）

［参考文献］

今田寛　二〇一五　講演「甲山と関西学院と私」関西学院同窓会西宮支部新年会

今田寛　甲山三題　関西学院新制中学部一期生ホームページ

神呪寺　二〇一一　甲山神呪寺史（改訂版）神呪寺

中村直人　二〇一六　歴史のなかの上ケ原　関西学院大学出版会

西宮市公報　第一一九号　昭和一一年一一月二〇日号

武藤誠　一九七七　関学風土記　一三　故人も緑濃い山容を賞した　関西学院新聞　一九七七年一一月二二日号

渡辺久雄　一九四〇　甲東村（私の手元にあるのは、ガリ版刷り八〇部限定の私費出版の一刷である）

第四話　上ヶ原キャンパスで生まれた校歌
——戦前篇「空の翼」と「緑濃き甲山」

悲願、大学昇格は、上ヶ原に移転して三年後の一九三二（昭和七）年に遂に実現した。そこで、まずは二年制の大学予科が開設され、一九三四（昭和九）年には、法文学部、商経学部の二学部からなる三年制の大学がスタートした。

「空の翼」（一九三三）

一方、一九三三（昭和八）年の学生会は、大学昇格を機に新しい校歌作成を決定した。それまでも一八九〇（明治二三）年に作られた校歌・Old Kwansei があったが、これはアメリカのプリンストン大学のカレッジ・ソング Old Nassau を真似たものであったため、学生たちは新校地にふさわしい自前の校歌を求めたのである。そして当時の学生会長・菅沼安人は、吉岡美國《よしくに》名誉院長の推薦状を携えて、当時大阪に滞在していた普通学部卒業の同窓・山田耕筰を訪ね、校歌の作曲を委嘱した。そして氏は作詞を友人の北原白秋に依頼し、出来上がったのが次の「校歌・空の翼」である。

空の翼

北原白秋 作詞　山田耕筰 作曲

一　風に思う　空の翼
輝く自由 Mastery for Service
清明こゝに道あり我が丘
関西　関西　関西　関西学院
　ポプラは羽ばたくいざ響け我等
風　光　力　若きは力ぞ
いざ　いざ　いざ　上ヶ原ふるえ
いざ　いざ　いざ　いざ　上ヶ原ふるえ

二　眉にかざす聖き甲
萌えたつ緑 Mastery for Service
躍々更に朗らよ我が自治
関西　関西　関西　関西学院

（以下折返し）

三　旗は勇む武庫の平野
　遥けし理想 Mastery for Service
　新月こゝに冴えたり我が士気
　関西　関西　関西　関西学院
（以下折返し）

実は、この校歌が生まれた時の状景を目撃した中学部の生徒がいた。次のコラムを見てほしい。

コラム　『空の翼』誕生の日　古賀義雄

〈一九三三（昭和八）年六月二七日は、関西学院にとって特別な日であるとの前文につづき〉

その日、同窓であり、わが国の代表的作曲家として、つとに有名であった山田耕筰氏が、親友で、日本の代表的詩人として、だれもが、その詩を愛唱していた北原白秋氏を、上ヶ原キャンパスに案内されたのである。

たまたま、午前中に、博物の授業があり、冒頭、中学部グリー・クラブの顧問を兼ねておられた高橋信彦先生から、「きょうは、君たちのために、新しい校歌を作って下さる作詞家の、北原白秋さんと、作曲家の山田耕筰さんが、こられる。休み時間などに、お姿を拝見しても、取材に来ていらっしゃるのだから、そばへは、行かないように」と、ご注意があった。

午後の授業が終わって、ふと、外を見ると、いま正に、そのお二人が、上のグラウンドを北から南へ、斜めに横切りながら、ポプラ並木のなかほど、予科校舎（注：現在の高中部本部棟）の裏手辺りまで来て、立ち止まられたところであった。

梢越しに、よく晴れた明るい空を、気持ちよさそうに、仰いでおられる白秋さんを、二、三歩うしろから、耕筰さんが、眺めておられる。

すると、白秋さんは、つと、前に寄り、太めのポプラに近付かれると、右手をその幹に押し当て、しばらく、目をつむられた。

私は、なるほど、ああすれば、風にそよぐ葉ずれの震動まで、分かるはずだと、納得がいった。

白秋さんは、一旦、手をはなし、ポプラの幹を、先の方まで眺めてから、もう一度、手のひらを、太い幹に、押し当てて、目をつむられた。

耕筰さんは、さすがに詩人だなと、感心したように、更に二、三歩さがって、見守っておられる。

全神経を集中して、吸収に努める友人を、敬意と信愛をこめて、支える。

これこそ親友だと、私は、いたく感動したが、窓辺に近づくのは、遠慮した。

無言のうちに、肝胆相照らしている詩人と作曲家。その姿は、私には、生涯ただ一度の劇的場面であったが、いまも、昨日の事のように思い出す。

一九三三（昭和八）年九月一八日。

全学部の生徒・学生・教員で、はち切れんばかりに超満員の中央講堂に、山田さんは、登壇された。マイクなど、なかった頃であったが、そんなものを、全く必要としない、朗朗たる大声で、見事に歌いながら、繰り返し、説明された。

その折に、とくに強調なさったのは、校歌は、どのような場合であっても、必ず、全部を歌うべきものであるという事であった。

作詞者も、作曲者も、その全体の流れの中に、精神も、情景も、願望をも、歌い上げているのであるから、それを、一、二番で打ち切るなど、とんでもない事であると仰った。

最後に、この歌で大事なのは、歌っているあいだに、尻下がりにならないこと。これだけは、十分に、気を付けてほしいと、付け加えられた。

（二〇〇五年一月三一日、記）

この文章は、関西学院グリークラブのOB会・新月会からの依頼で古賀義雄氏（旧制中学部昭和一二年卒、旧制法文学部昭和一六年卒業）が書かれ、「新月会ニュース」第五七号（二〇〇五年一二月二二日発行）に掲載されたものであるが、氏と交流のあった私にも原稿のコピーを送ってくださったので今回披露する。なおグリークラブは、上のコラムにある九月一八日の新校歌発表会では、中央講堂に集まった学生ために新校歌をリードした。

写真1は、新校歌誕生を伝えた当時の関西学院新聞の見出しである。

写真2は、かつてのポプラの姿であるが、北原白秋が訪れた時のポプラはここまで成長していなかったであろう。往時はグラウンドが上下二段に分かれており、その境目の土手の上にポプラがずらりと並んでいた（78頁も参照）。いまはこのグラウンドは殆ど建物で埋め尽くされ、僅かに上段の南側がグラウンドとして残っている（第一〇話、写真1のキャンパス・マップ（124頁）参照）。

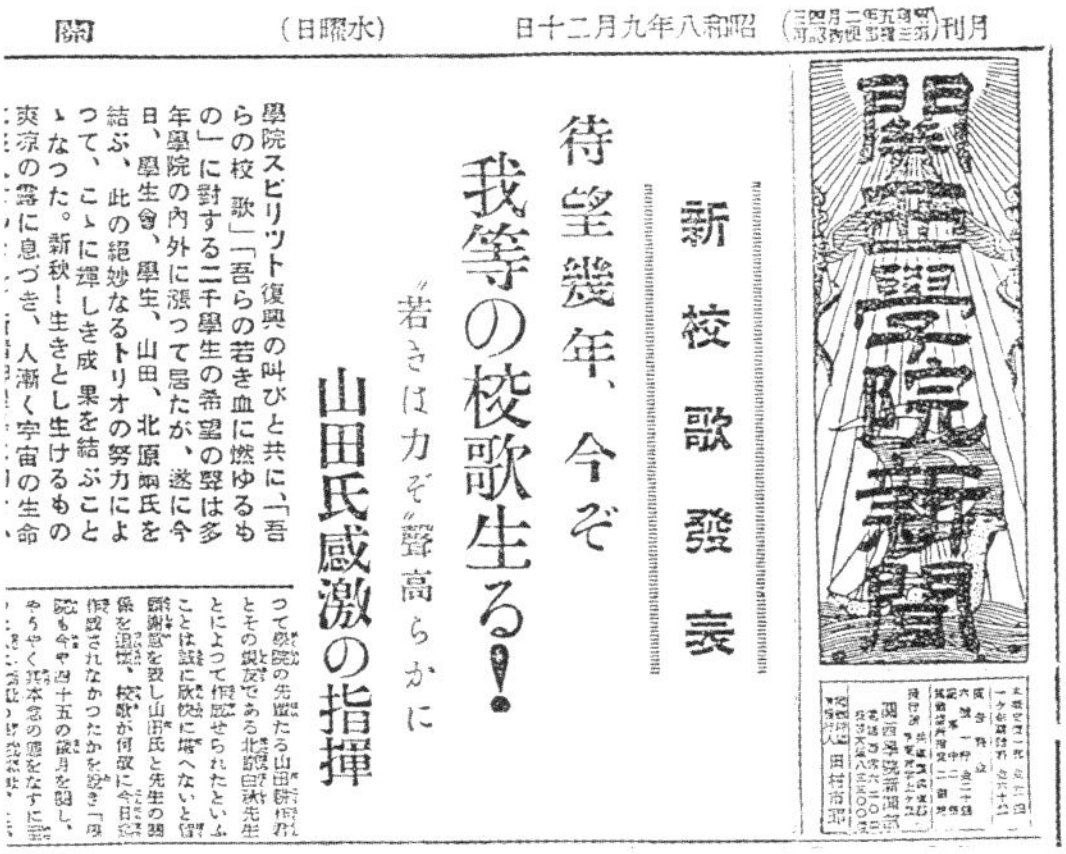
關西學院新聞

新校歌發表

待望幾年、今ぞ我等の校歌生る！

〝若きは力ぞ〟聲高らかに

山田氏感激の指揮

學院スピリット復興の叫びと共に、「吾らの校歌」「吾らの若き血に燃ゆるもの」に對する二千學生の希望の聲は多年學院の内外に張って居たが、遂に今日、學生會、學生、山田、北原兩氏を結ぶ、此の絶妙なるトリオの努力によつて、こゝに輝しき成果を結ぶことゝなつた。新秋！生きとし生けるもの爽涼の露に息づき、人漸く宇宙の生命

写真１　新校歌発表を伝える関西学院新聞

この新校歌は、上ヶ原キャンパスの状景が美しく謳い込まれている。歌詞の説明は不要と思うので、この校歌にまつわる話を二、三紹介したい。

第一は、理学部に八年間在職された小川枝郎先生が退職時に話された、次のような主旨の話を私は忘れることができない。「自分はこれまで学んだ所も、教えた所もすべて国公立であったけれども、関学に来て、私学には校歌があることを知って――先生は学歌と言われた――これはいいなと思い、一生懸命に覚えた。だから自分は今では校歌「空の翼」を一番から三番まで何も見ないで歌える。今、退職の時を迎えたが、自分はこのわずかな年月の間に関学のキャンパスと自由な校風が大好き

写真２　かつて上ヶ原キャンパスのグラウンドの土手にあったポプラ
（提供：関西学院大学学院史編纂室）

になった。今、このようにして校歌を歌える関学人となって退職できることを嬉しく思う」。こう言っては失礼だが、いささかいかつい容貌の先生が、優しくこのように話されたことが非常に印象的であった。どうか関学で育った皆さんも、校歌を三番まで空で歌える関学人になってほしい。

第二は、「風・光・力」である。私はこれを常々「関学三原色」といっている。関西学院に関わる全ての者の人生は、その行いは、風の爽やかさ、光の明るさ、そして力強さを伴うものであってほしいとの願いである。オレがオレがと人を押しのけ、踏み潰し、前進する力強さであってほしくはない。あくまで風・光を伴う力強さであってほしい。

第三は、この校歌を覚えるのにはコツがある。まず中央芝生の真ん中に立って、一番は空を見上げて「風に思う空の翼」と歌い、二番は甲山に向かって「眉にかざす　聖き甲」と歌い、三番は、くるりと一八〇度向きを変えて「旗は勇む　武庫の平野」と歌えば、歌詞と体の動きが結びついて割に簡単に覚えることができる。これは私の専門の心理学の立場からも理に適った記憶法である。試してほしい。

なお蛇足かもしれないが、写真4の時計台の甲山側の時計の文字盤は、一九七〇年頃まではなく、本話の末尾のカット（46頁参照）に見られるように、モルタルの外円のみだった。更に蛇足になるが、文字盤があっ

写真３　「眉にかざす　聖き甲」
（提供：関西学院広報室）

写真４　「旗は勇む　武庫の平野」
（提供：関西学院広報室）

た三面すらも最初の四年間は針がなく、針が付いたのは昭和八年三月になってからだという（武藤誠・元文学部教授の証言）。この針のない時計台は、当時「関学の七不思議」の一位だったという。

最後に、先のコラムで山田耕筰氏自身も強調されたように、校歌は一―三番を省略することなく歌えということである。演奏時間の関係で、グリークラブが歌う時も二番は歌わないことが多い。「空の翼」作成時に学生会長であった菅沼氏も、後年、同窓会の席上で、時間が足りない場合は折返しを最後に一回歌うことにして、一―三番は省略することなく歌えと熱弁を振るわれたことをよく覚えている。因みに私の手元には、山田耕筰氏の肉声で一―三を謳われた校歌のテープがある。

「緑濃き甲山」（一九三九）

昭和一桁から二桁時代にかけて、軍事色がどんどん濃厚になる中で、不幸にして世の中は「マスタリー・フォア・サービス」という英語が混じる校歌を歌うことが憚られる時代になった。そこで太平洋戦争の直前の一九三九（昭和一四）年、関西学院が創立五〇周年を迎えた時に、英語の混じっていない校歌をということで作られたのが次の「緑濃き甲山」である。

緑濃き甲山

由木康 作詞　山田耕筰 作曲

一
緑濃き甲山《かぶと》
気高くそびえ
陽に映ゆる校舎
さやかに立てり
樹々、白亜、光
一つに合える
美しのまなびや
関西学院

二
若き日の理念《おもい》
清らに育て
もり上がる生命《いのち》
雄々しく鍛え
信、知識、力

共にぞきづく
輝けるまなびや
関西学院

三　虧《か》くるをば知らぬ
三日月のごと
暗き世に絶えず
光をおくる
自治、奉仕、親和
等しく励む
栄あるまなびや
関西学院

これは、関西学院文学専門部英文科を一九二〇（大正九）年に卒業し、後に牧師になり、数多くの讃美歌の作詞、訳詩（例えば「きよしこの夜」）をされた由木《ゆうき》康氏による作詞である。作曲は「空の翼」同様山田耕筰なので、同窓コンビによる校歌である。上ケ原キャンパスの建物の美しさと、建学の精神がよく表現された校歌であり、メロディも軽快である。第二校歌と呼ばれることもあるが、余り歌われる機会がないのが残念である。ぜひ動画投稿サイト等で一度聞いてみてほしい。

しかしこの校歌が作られた時には、日本はすでに日中戦争の最中にあり、また一九四一（昭和一六）年には太平洋戦争に突入する。

上ヶ原で生まれた校歌の話はここで一旦中断し、第五話では戦争中の上ヶ原キャンパスについて語り、第六話で、上ヶ原キャンパスで戦後に生まれた校歌、A Song for Kwansei を取り上げる。

［参考文献］

今田寛　二〇〇三　目に見えないもの、言葉にならないもの　二瓶社

楠瀬敏彦　一九九二　北原白秋と関西学院校歌「空の翼」　平安書院

久保田哲夫　一九八九　関西学院のうた（3）「緑濃き甲山（かぶと）」　望みはいずこに　関西学院宗教センター

畑道也　一九八九　関西学院のうた（1）「空の翼」　望みはいずこに　関西学院宗教センター

半田一吉（編）一九八一　関西学院の歌――関西学院校歌・応援歌・学生歌資料――第一集　関西学院キリスト教主義教育研究室

武藤誠　一九七六　関学風土記5　当時話題をよんだ針のない時計台　関西学院新聞一九七六年一〇月二六日号

山中源也　一九八一　関西学院八十年史　関西学院グリークラブ部史発行委員会

（出典：“The Diamond Jubilee” Sixtieth Anniversary Kwansei Gakuin University, 1949, p.34）

第五話　太平洋戦争中の上ヶ原キャンパス

関西学院が創立五〇周年を迎えた一九三九（昭和一四）年頃になると、日本の軍事色は強まる一方で、教育機関に対する文部省の思想弾圧、教育・研究への介入も度を増してきた。『関西学院七十年史』が、創立五〇周年から太平洋戦争突入までの約三年間を「準戦時下」と名づけている所以である。もはや「輝く自由」どころではない。学院の一二人の宣教師も一九四一（昭和一六）年三月までには全員帰国し、遂に一九四一（昭和一六）年一二月八日、日本は太平洋戦争に突入した。特にキリスト教主義学校である関西学院にとって状況は厳しく、「戦時下」の関西学院は、何度となく存立の危機に陥った。

（以下の記述では、私の時代感覚から、昭和のみを用いることにする。なお戦中戦後の上ヶ原キャンパスでの学生生活については、抜粋ではあるが、本話末尾の大谷氏の体験記が生々しい）。

戦時下の上ヶ原キャンパス

開戦後約一年、昭和一八年になると戦局は日本にとって悪化の一途をたどることになる。その後の上ヶ原キャンパスは、「教育体制・内容の改編」、「在学徴集延期の停止と学徒出陣」、「勤労動員」、「校地・校舎の徴用」に見舞われることになり、戦争末期には白亜の校舎も、写真1、2のように空爆を避けるため迷彩が施された。これらの写真はいずれも終戦後撮られたものであるが、戦争は昭和二〇年八月に終わっているのに、黒塗り校舎は昭和二四年頃まで残っていた。なお、写真2の校舎は今はなく、グラウンドになっている。

写真1　迷彩が施された時計台（昭和22年）
（撮影：著者、当時関学新制中学部1年生）

写真2　迷彩が施された旧中学部校舎
昭和22年卒の旧制中学5年生。生徒はまだ戦時中義務づけられていたゲートルを脚に巻いている。
（提供：尾田義行、旧中昭和22年・文社昭和27年卒）

昭和一八年の春になると神学部は廃止され、秋には在学生に認められていた徴兵免除も廃止され、満二〇歳以上の学生はほとんどが学徒出陣した。残る学生も勤労動員され、その結果キャンパスには学生の姿がほとんど見られなくなった。そして昭和一九年一月には、キャンパスの南半分と北の一部が、海軍の要請に

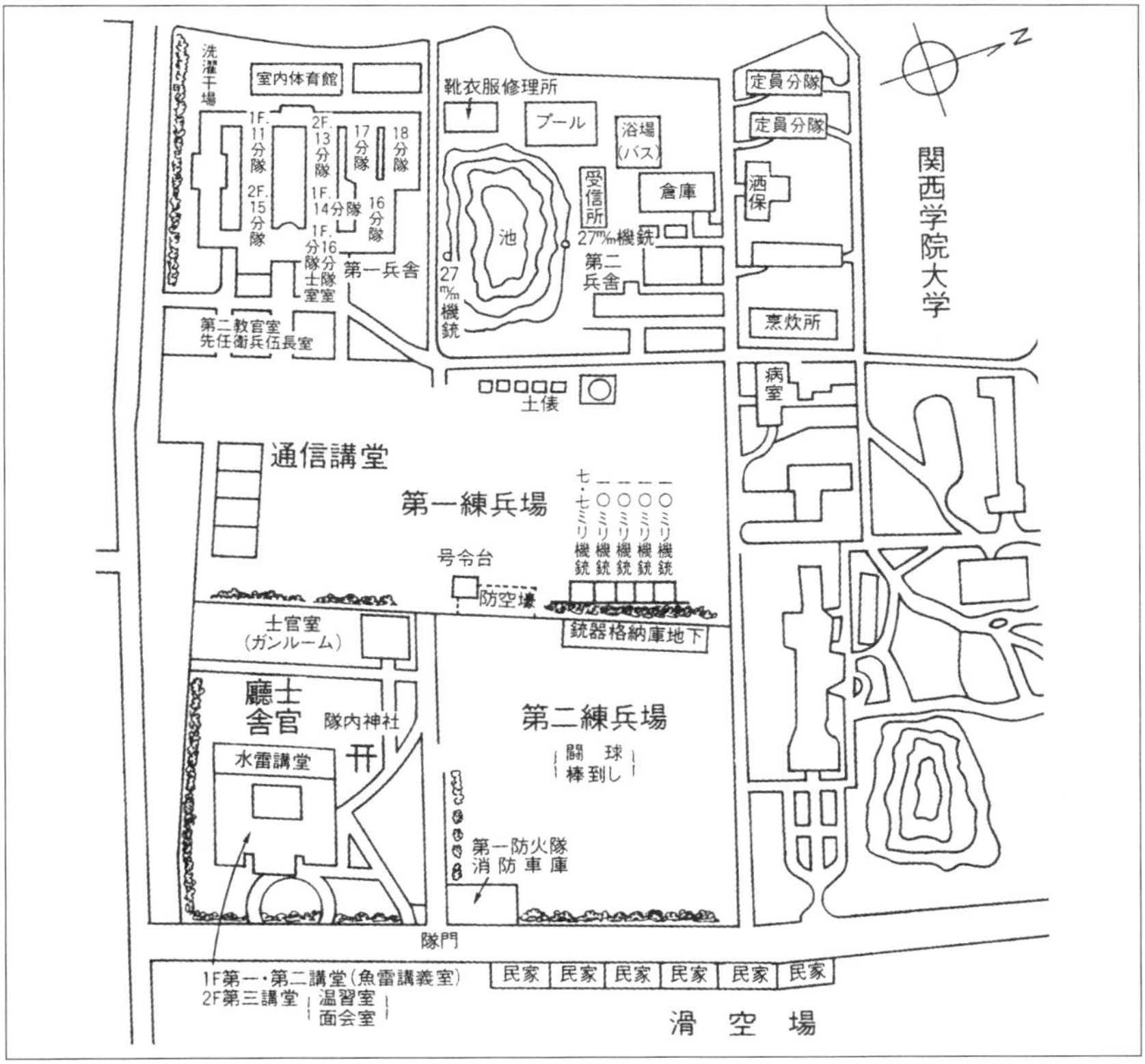

写真３　海軍予科練に徴用された校舎図
西宮海軍航空隊に貸与され、予科練が飛行訓練を受けた。
（提供：関西学院大学学院史編纂室）

応じて貸与されることになった。写真3は海軍に貸与された上ヶ原キャンパスの当時の様子であるが、今の高中部本部棟（旧大学予科棟）の横には神社のマークが見られる。この隊内神社は戦後上ヶ原の八幡神社の境内の南西の隅に移築され、いまも第3フィールドの硬式野球場に登る階段の手前右手の木陰に小さな社殿を見ることができる。実際にここで訓練を受けたのは一五、一六歳の予科練（海軍飛行予科練習生）であって、パイロットになるためのグライダーによる基礎訓練を受けた。

写真4は、私と同期の森本好則経済学部名誉教授の兄君が描いた戦時下の関学周辺の見取り図である。森本一家は昭和二〇年六月の神戸の大空襲で焼き出され関学内の住宅（正門右の黒四角）に身を寄せていたが、この見取り図は、当時岡山に集団疎開していた森本君に送られてきたものである。この写真の右下に川西宝塚工場とあるが、昭和二〇年になると、キャンパス北半分の建物のほとんどがこの川西航空機（現在の新明和工業）に供出され、軍需用品の設計や製造に使用されることになった。その結果、教育研究のために関学に残された校舎は、中学部生と残留学生が用いた現在の商学部棟、昭和一九年に新設された専門学校理工科が使用した現在の経済学部棟、それに昭和一九年にできた国民生活科学研究所のための神学部棟のほぼ三校舎のみとなった。そして商学部棟も、最後には本館が接収され、別館のみになった。

なお戦時中の上ヶ原キャンパスは、軍部や軍需工場に徴用、つまり強制的に取り上げられたと負の側面が強調されがちであるが、これらはすべて有料で貸与されたために、学生数が減少して経営的に苦しくなっていた学院にとっては救いだったと、当時の神崎院長は述懐している。

実は上述の川西航空機の宝塚工場の存在は、関西学院や甲東園の住民に少なからぬ影響があった。現在の阪神競馬場の所にあったこの工場は軍需工場だったので、B29の爆撃の標的になり、当時同工場に勤労動員されていた関学生も三人犠牲になった。また南から飛来するB29がやや早めに爆弾を落とし始めると、それが甲東園あたりから落ち始めるので、当時甲東園に住んでいた私の家も、近くに落下した五百キロ爆弾のために「半壊」状態になった。私は当時、京都府の峰山に疎開をしていたが、上ヶ原キャンパスにも、中央講堂裏と現商学部棟の南の二か所に焼夷弾が落下している（写真4の●左三つ。一つは学外）。

なお戦争中の極度の食糧難の中、空いている土地さえあれば開墾していたので、時計台の南や正門を入っ

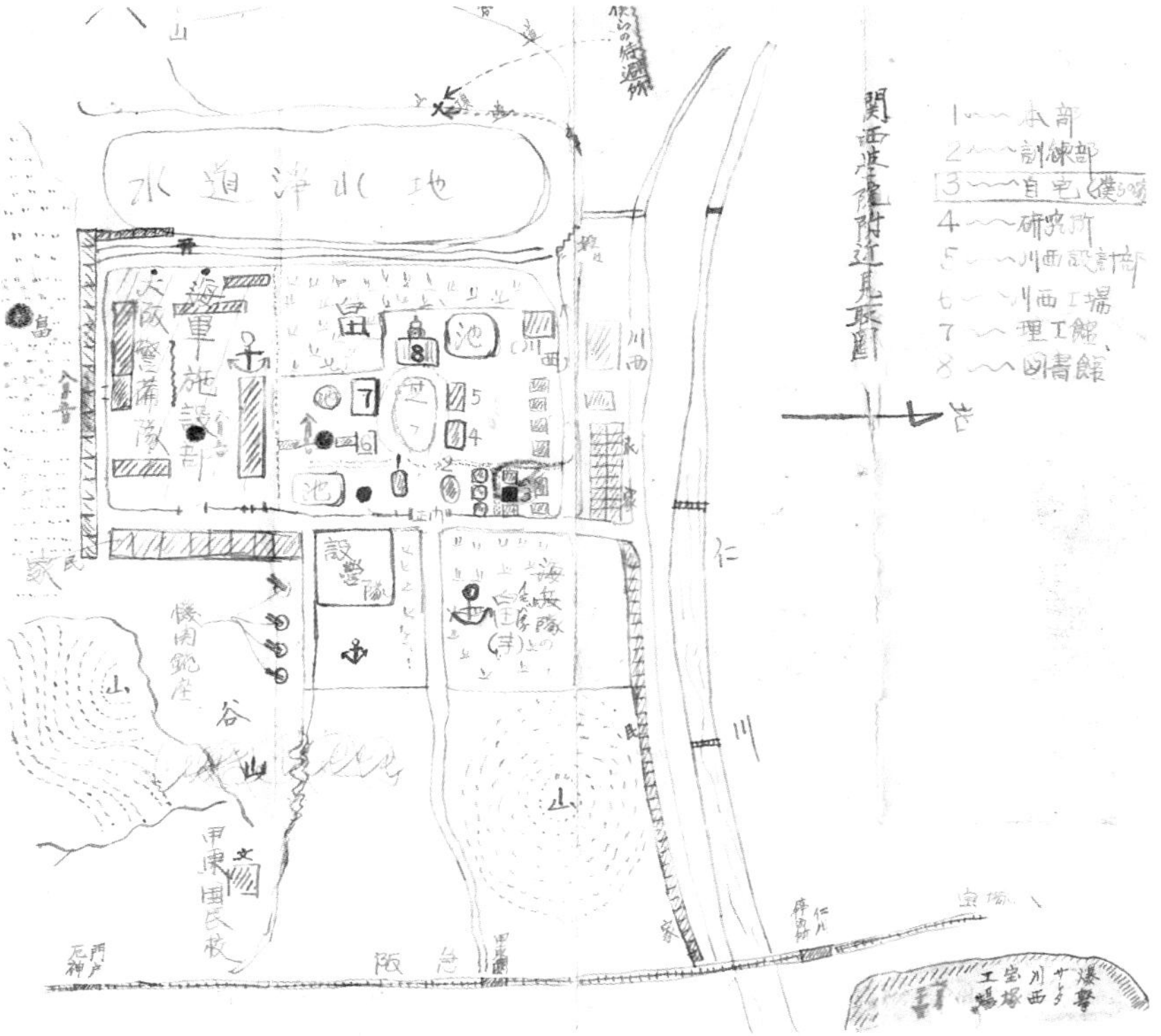

写真４　戦時中の上ヶ原キャンパス界隈の見取り図
（提供：森本好則）

た辺りは一面、教職員が農作物を作った（第九話、写真1（106頁）参照）。当時文学専門部英文科で教えていた寿岳文章氏（第六話参照）の次の文章は、昭和一九年当時の様子をよく物語っている。

「……いまかえり見てなんともなさけないのは、海軍側から鑑札を貰って、営舎の門をくぐり、予科練生の糞尿を一荷の肥桶に汲みとり、ひょろひょろと慣れない足を踏みしめ踏みしめ、校地内の割り当ての自分の畑へ往復したことである。その頃はもう日本の敗色が濃く、極度の食糧難で、学院の先生たちも、豌豆《えんどう》や南京や馬鈴薯作りに懸命であった。」

人糞は当時大切な肥料であった。

時計台のMastery for Serviceと書かれたエンブレムは敵性語ゆえに取り外され、また正面二階の窓の柵も金属供出によって失われた。これらは今は復活しているが、今に残る戦時を物語る建造物に、中央講堂と商学部本館の間にある旌忠碑がある。「せいちゅう」とは国家に対する忠義を顕彰することを意味するが、これは関学創立五〇周年を記念して教職員、学生、同窓の募金によって建てられ、いまでは日清戦争以降の学院関係戦死者一六八名の氏名が刻まれている。私の妻の叔父の名もある。

奉安庫と地下壕

ここで紹介するのは、普段は目にすることのできない上ヶ原キャンパスとその周辺にある戦争の名残りである。

奉安庫

われわれの国民学校時代には、どの学校の校庭にも、天皇と皇后の写真（御真影）と教育勅語を納めた奉安殿があった。学院には独立した奉安殿はなかったが旧院長室に写真のような奉安庫はあった。この部屋は、正門を入ってすぐ左手の本部棟の中央芝生を見下ろす二階の角部屋で、西の窓から見えるのは第三話の写真5（29頁）の景色と言えばわかるだろう。奉安庫は写真5A・Bのように同室の東の壁に埋め込まれている。鳳凰の模様が描かれた鉄扉は、火災に耐えられるように分厚く、その奥の社殿のような桐の箱の中に教育勅語が、校章入りの漆塗りの箱に収められている。ただなぜか校章の月の向きが新月ではない！（写真5B参照）

写真 5A　奉安庫の扉
（撮影：著者）

写真 5B　奉安庫の内部
（撮影：著者）

この奉安庫はすでに昭和一二年にはあったようで、同年二月三日のベーツ院長の日記には次のようにある。「岸波氏と私は警察官とともに県庁に行き、御真影をいただいて帰った。学校までの道中、岸波氏は常に御真影を、私は勅語を高く掲げた。全学生、そして教職員が道に整列していた。これは日本人にとって実に大きな意味がある。その気持を私は分かち合いたい。天皇は日本の中心である。この国において、天皇への忠誠心は最大の求心力である。この問題に否定的な態度をとってはならない……」。なお当時、御真影や教育勅語を役職者が持ち運ぶときには、自分の頭の位置より高く掲げて歩かなければならなかったから、このしきたりに従った外国人宣教師ベーツ院長のご苦労は並大抵なものではなかったであろう。

地下壕

上ヶ原キャンパスの内外には避難壕として横穴がいくつか掘られ、戦後放置されたそれらの横穴は、子どもたちの恰好の冒険の場となった。例えば甲陽園には川西航空機がいくつも横穴を掘り、そこに飛行機の部品などを避難させていたようであるが、その地下壕への冒険の様子はコラムを見てほしい。この文章は、私や上記の森本君と関学中学部で同期の木村吉伸君が、我々のホームページに寄せたものである。

コラム　甲陽園の地下壕探検記　木村吉伸

〈上ヶ原に住んでいた木村君は、ある日、裏山を犬をつれて走り回っていた時に、次の光景を目撃し、下記の体験をした〉

六名ほどの米兵が裏山で何かしているので不思議に思い、米兵が去るのを待ってその場に行って見るとそこに扉もついた大きな洞穴があり草で覆うとうまく隠れるようになっていました。前が山の荒地だったので人目につかないように洞穴を掘ることが出来たのでしょう。

扉に鍵がかかっていなかったので犬を見張りにおいてそっと中に入ってみたところ洞穴の中は驚きの連続で心臓がつぶれそうでした。まず眼に入ったのが米兵が昼食した後の食べ残しの数々で、見たことも無いようなクッキー、チーズ、チョコ、コーンビーフなどなど、一日中豆粕と芋しか食べていない頃の少年には夢としか思えない光景でした。（注：後日、これを食べことを作文に書いたのでばれて、大目玉をくらったとのこと）。洞穴の奥には木箱に詰められた直径一〇センチから三〇センチほど大小の新品ボールベアリングが山と積まれており機銃の弾らしき箱やよく判らない精密部品のような木箱も見られました。

米軍が倉庫として使っているのだろうと、その時は思っていました。……米軍が大挙して調査に来るようになるまで毎日のように探検した記憶があります。洞穴は曲がりくねっていてかなり長く掘られており木箱がぎっしり詰まっているようでしたが、それが何であったか判りません。奥は真っ暗で恐ろしくて探検する気が無かったんだと思います。

新聞記事（読売新聞二〇一三年二月七日）によると、この地下壕は昭和二〇年一月に朝鮮人を動員して作業を始めたのですが、後の調査で壁に「朝鮮国独立」と墨書きの文字が見つかっています。本土決戦準備の一環として川西航空機が作る戦闘機「紫電改」の部品および石油の避難庫として作られたとしています。この地区に七箇所つくられトロッコの軌道つきの地下壕もあったようですが、終戦と共に未完成のまま放置され米兵が発見した後、一つを残して埋め戻され今は甲陽園の高級住宅地となっています。

私がこの地下壕を発見した時は内部は整然と木箱が積まれており、盗難された形跡がなかったことから、私は日本人の第一発見者だったと思います。（後略）

〈なおこの地下壕があったのは、関学の第3フィールドの南、現在の甲陽園東山町である。この場所は東から西にかけて凹状の土地なので、地下壕はその西側の土手にあった。現在はすっかり宅地化され痕跡はないが、僅かに一か所、一一丁目にそれらしきものを見つけたので、その写真を上に紹介する。〉

（撮影：今田寛）

写真 6A　上ヶ原キャンパス内にあった地下壕の御真影設置予定場所？
（提供：関西学院大学学院史編纂室）

写真 6B　写真 6A の上部に刻まれた海軍の紋章
（提供：関西学院大学学院史編纂室）

私にも、上ヶ原キャンパス内の横穴探検をした覚えがある。第四話の写真２（41頁）のポプラ並木の土手にその横穴はあった。写真では奥から三分の一ほどの所にあったように記憶する。その後長く忘れられていたこの横穴は、一九八九（平成元）年頃に今の高等部校舎が建築される時に再発見され、海軍が指令室や秘密書類を収納するために掘った地下壕であることが分かった。子どもの頃は暗くて奥までは入らなかったが、奥行きは七〇メートルもあったようである。再発見されたときには昔のことが懐かしく、懐中電灯をもって奥まで入れてもらった。写真６Ａのような棚の上に写真６Ｂのようなサクラに錨の海軍の紋章がレリーフされていた。この棚の上にはおそらく御真影が置かれる予定だったのだろう。今は、この地下壕の入口は封鎖されている。

なお末尾の大谷晃一氏の記録によると、仁川の上流にも川西航空機の避難壕があったようであるが、私は知らない。

予科練と近隣住民

次の文章は、私たち甲東国民学校を昭和二二年に卒業した学年が作った文集『思い出で綴る激動の国民学校生』からの引用である。上ヶ原キャンパスで訓練を受けていた一五、六歳の予科練生と住民の交流の姿が伺える。

四年生のころ（注：昭和一九年）、上ヶ原の関学に予科練の基地ができ、一六歳から志願できる若い血潮の特攻隊の訓練場でした。軍の命令で、上ヶ原周辺の一般民家が予科練らの休養所となり、私の家も指定されました。

それから毎週日曜日には一二人ほどの予科練が七つボタンの制服で来訪しました。父母は精いっぱい、歓待。予科練らは朝一〇時から夕方四時頃まで、二階で将棋、碁、トランプ、花札、レコード鑑賞でくつろぎ、昼食や間食を楽しんでいました。

階下の部屋では、非公認ながら予科練の親たちが、心尽くしのお土産（赤飯、おはぎ、餅、菓子、果物など）で親子が対面。愛情に包まれた温かい面会でした。

昭和二〇年早春、全員に次の特攻基地・高知への出発命令が出て、お別れ会をしました。日の丸の旗に全員の署名と寄せ書きをしてもらいました。万感の思いがあったと思います。お国のための特攻隊員でした。

（辻正明）

予科練の休養所は、隣組単位で何軒か割り当てられ、常会での抽選で決めていました。いくらかの金銭的な補助はあったようですが、物のないころで、母親が困った顔をしていたのを思いだします。

私にとっては、遊んでくれるお兄さんが急に増えたので楽しかったです。尾鷲出身の予科練でしたが、親たちが軍に隠れて食べ物をいっぱい食べさせようと遠いところから面会に来ていました

（堀井滋）

このように、上ヶ原、仁川、甲東園の子どもたちにとっては、予科練は、「若い血潮の予科練の、七つボタンは桜に錨」という勇ましい「予科練の歌」と共に、なじみ深い存在であった。しかし笠原浩一郎君宅に来ていた予科練生は、「一人残らず戦死した」とあるので、一時の安らぎを得た一五、六歳の予科練生を待ち受けていたのはデッド・エンドであった。私の従兄弟の阪本宣道《のぶみち》（元兵庫県知事、坂本勝の次男）も、関学中学部から予科練に志願し、人間魚雷の訓練中に命を落とした。

日記に残された終戦前後の上ヶ原キャンパス

大谷晃一の記録

大谷晃一氏は昭和二一年九月に法文学部文科心理学専攻を卒業、朝日新聞大阪本社に勤め、後に帝塚山大学学長も務め、『大阪学』他多くの著作をなし、日本エッセイストクラブ賞、大阪芸術賞を受賞した文筆家である。戦時中兵役を免れた氏は、在学中克明に日記をつけ、それに基づいて戦中戦後の上ヶ原キャンパスの様子を豊かな表現力で、『関西学院大学心理学研究室八〇年史』に残してくれた（後に自著にも転載）。以下、氏の文章を抜粋するが、後に文章のプロになった学生が書いた戦中戦後の上ヶ原キャンパスの貴重な記録である。

昭和一八年

十月一日に入学したのだが、翌二日に在学徴集延期臨時特例が公布された。文科系学生の徴兵猶予が廃止されたのである。若者を戦場に駆り立てようとしている。兵役を逃れようと大学を志した目的が吹っ飛んでしまった。十月二十五日から十一月五日までに徴兵検査を受け、学徒出陣の日は十二月一日と決まった。私は和歌山市で検査を受けた。軽いが結核の気胸療養中だった。翌年回しとなる。一年して検査を受け直せという。ああ命が一年延びた。

〈このようにして兵役を免除された大谷氏である。〉

十二月の学徒出陣で、みな戦場に行ってしまった。学園は残留学生と女子学生*だけになった。私は下手な小説を書くのに熱中している。予科で同期だった友人と三人で回覧の同人雑誌をやり出す。命はあまり残されていない。何かせずにはいられない。この世に、何かを遺しておきたい。そんな思いに駆られていた。

写真７　学徒出陣壮行会・法文学部、1943（昭和18）年
この中にたすきをしていない大谷氏がいるはず。
（提供：関西学院大学学院史編纂室）

＊関西学院大学女子学生第一号は、法文学部文科心理学専攻の浜口みずらで、津田塾卒業後、昭和一八年に入学した。心理学専攻には当時、二名の女子学生も聴講生として在籍していた。

昭和一九年

まだ講義が続いている。だが、それも危うい。一月十八日には緊急学徒勤労動員方策要綱が決まり、学徒勤労動員が年間四ヶ月となる。二月二十五日には決戦非常措置要綱が決定し、学徒動員の徹底や防空体制の強化が計られた。三月七日には、学徒勤労動員が通年になる。締め上げるように、戦争の気配が身辺に迫って来る。六月十九日のマリアナ沖海戦で、日本海軍は多くの航空母艦と航空機を失うた。敗戦濃厚である。

だが、十月に入って満足な講義はなくなった。男子学生は次々に入隊してしまう。残っていた者は勤労動員で学校に出られない。

昭和二〇年

一月、男子の残留学生は川西航空機宝塚製作所に勤労動員された。その跡が、いま阪神競馬場である。講義は全く中断された。私は学院の保険館に勤務となった。校医は宝来善次先生だが、ほとんど来られない。私はひとりで留守番をする。先生たちがやって来られる。風邪と下痢が多い。で、私は勝手にアスピリンに胃酸を調合したり、ビオフェルミンを投薬する。これでも、割によく治った。ビタミン注射もした。親しい先生には薬用アルコールにシロップをまぜて出す。好評である。先生も閑だった。

〈この後、三月一三日、B29、二七四機による大阪大空襲、四月一日、アメリカ軍の沖縄本土上陸と記述は続く。大阪は六月一日にもB29、四五八機による空爆にあい、その日、「学内は女性は山に逃れ、私たち男子は地下室へ退避する」とある。〉

七月九日に、今田先生がゼミナールを始められた。イギリスの社会心理学者マクデューガルを取り上げる。講義が全くない中、時勢への抵抗であった。私は喜んで参加した。保険館の蜘蛛が盛んに巣を張っている。私はその生態を観察して、実験日誌をつけている。空襲下の日常と何か正反対のことをしたかった。科学らしいことをしたい。謄写版刷りの同人雑誌も続けている。二十日未明、学生が動員されていた仁川の川西航空機工場が空襲で壊滅した。……

八月五日夜は、甲東園にいた。空襲警報で起き出てみると、もはや西南の空が真っ赤だ。B29百三十機が西宮を焼夷弾で爆撃した。中心部が全滅する。門戸、上ヶ原、甲東園にも落ちた。空襲が終わると、沛然として大雨が降って来た。翌六日、広島に原爆が投下された。

（八月）十四日の昼、母が弟を連れて突然に保険館にあらわれる。八月十五日午後一時、和歌山市高松の中部第二十四部隊に現役入隊せよ、との通知を持って海南から出て来た。もう一日しかない。とたんに空襲警報が鳴る。学内にいる者はみな仁川の上流に逃げ、川西航空機の退避壕に入る。その横穴で、私は日記にしているノートに遺書を書いた。

〈翌一五日、和歌山に戻り、そこで日本の敗戦を知る。しかし指定された時間に営門に入り、身体検査まで受けるが、〉

係りの下士官たちは、敗戦でそれどころではない。営庭に整列させ、「体に自信のない者、三歩前へ」と来た。私は思い切って進み出た。幾人か、ぱらぱらと出た。即日帰郷となる。助かった。

〈つづいて、〉

私が上ヶ原に出て来たのは、翌々十七日である。大芝生でみなと再会する。二十一日に大学に集合せよという。学生が軍隊や工場から続々集まった。

混乱と興奮の時代になった。大阪も阪神間も神戸も焼け野が原である。食料が窮迫している。だが、死の恐怖とファシズムから解放され、思想と表現の自由を得た。気が高ぶり、じっとしておれない。関西学院劇研究会や文芸部の再興の話が起こり、文化祭も開くことになった。例の同人雑誌も発展させ、新しい文芸雑誌を出すことを決めた。私は忙しく走り回っている。

〈上ヶ原キャンパスに再び「光」が戻った瞬間である。なお大谷氏は戦後の文芸部復興の立役者の一人である。〉

今田恵の日記より

最後に、上の大谷氏の指導教授であった私の父が終戦当日（八月一五日）から書き始めた日記から一部引用しよう。こちらは教員たる明治人の終戦時の感想である。同時に法文学部長と大学全体の教務部長でもあったので、その立場からの記述も見られる。

八月一五日（後半部）

敗戦である。敗れたのである。無念ならざるものがあろうか。

しかし問題は解決した。希望は沛然《はいぜん》として我胸中に漲《みなぎ》った。正常に復したのだ。開戦以来の不審。しかも時代と共に流れ、黙す他なき思は今開放された。之からほんと建設だ。戦って勝つを望むは当然であるが、二・二六（事件）、五・一五（事件）にはじまる叛乱の線にそうて、その底に流れる如き思想がそのま、結実したとしたらそれこそ大変である。日本の禍である。余は日本国が苦難を経てその誤を正当化することを止め、清められて後、勝つことを希望した。そして平和を嘱望した……。

平和的精神的建設だ。犠牲は余りにも大きい。台湾、澎湖《ほうこ》島、琉球、樺太、朝鮮を失う。しかし之が緒となって次の戦いの原動力になってはならぬ。神の国とその義を求めよ。もし日本の道義が高まり文化が輝き、徳が光被《こうひ》するに及んでは、自から翕然《きゅうぜん》として集まる。徳は孤ならずである。食糧問題も深刻化するであろう。しかし神は必要なるものを与え給う。ああ、思うことを思いのままに言える時代がうれしい。

〈翌一六日には部課長会があるが、一七日には講義をしている。〉

八月一七日　金

五時起床。八時半登校。九時より十時まで、予科における三回の特別講演最終「文化」について語る。「人間」「民族」「文化」の連続講演最後が、恰も新文化建設の第一歩について語ることになったことを意義深く、熱情自からわいて若き学生の自重に訴ふ。

〈終戦という大事件があったにもかかわらず、講義をキャンセルせずに行った姿は驚きである。この日は一時から教務主任会議があり、八月二一日の集合日以後は、しばらくは休校を決めている。そして八月二一日の集合日の式典の順序は、開式、宮城遥拝（65頁、写真8参照）、黙祷（皇国の再建、英霊に感謝、戦傷病将兵の平癒）、国歌、院長告示、教務部長注意……とある。まだ戦時色濃厚である。

この後、九月二〇日には戦後初の卒業式が行われ、大学二四名、専門学校政経科八六名が卒業している。この専門学校政経科は、昭和一九年に、時代の要請に応えて理工科と共に新設されたものである。次に、当日の式次第を示すが、八月二一日に見られた宮城遥拝はなくなっているが、まだ戦時色が濃厚に残っており、新時代への対応に戸惑っている姿が見える。〉

式次第

司会　　　　教務部長　今田恵

国民儀礼
君が代奉唱
教育勅語奉読　学院長　神崎驥一
卒業證書授与　同
告示　同
祝辞　文部大臣　前田多聞閣下
西宮市長　中松亀太郎殿
同窓生代表　同窓会幹事長
送辞　在学生総代　大月一夫
答辞　専門学校政経科　卒業生総代　大橋清秀
大学卒業生総代　森居小一
以上

このようにして戦争は終わり、戦後が始まり、昭和二四年には貧しい中ながら創立六〇周年を祝うことになる。上ヶ原キャンパスの夜明けの到来である。

なお、次話にも登場する寿岳文章氏が母校通信に載せられた、「歌おうブ

写真８　紀元節（建国記念日）の宮城遥拝（1939、昭和14年2月11日）
ゲートル（すね巻き）着用で宮城（東）に向かって整列。（提供：関西学院大学学院史編纂室）

ランデン作の校歌　戦中戦後の学院の思い出」も興味深い。また当時の「生活の窮乏」状態は『関西学院百年史・通史編Ⅰ』633頁の「空襲とキャンパスの荒廃」の節にも生々しく描かれている。

［参考文献］………………………………………………………………………………

今田寛　二〇〇一　為万世開太平（抄）～今田恵の日記（一九四五年八月一五日～九月二〇日）　関西学院史　紀要　第七号　一八九―二〇二頁　http://hdl.handle.net/10236/2332

今田寛　二〇一五　関西学院新制中学部誕生物語　～資料に基づく回顧～　関西学院史　紀要　第二一号　七―三三頁　http://hdl.handle.net/10236/13026

寿岳文章　一九六三　歌おうブランデン作の校歌　戦中戦後の学院の思い出　母校通信、第三〇号（昭和三八年一〇月一五日）

大谷晃一　二〇一四　余生返上　株式会社編集工房ノア

関西学院大学心理学研究室八〇年史編集委員会（編）　二〇一二　関西学院大学心理学研究室八〇年史（一九二三―二〇〇三）―今田恵の定礎に立って―　関西学院大学心理学研究室

甲東二二会卒業六〇周年記念誌編集委員会（編）二〇〇七　思い出で綴る激動の国民学校生　甲東二二会

中村直人　二〇一六　歴史のなかの上ケ原　関西学院大学出版会

第六話　上ヶ原キャンパスで生まれた校歌

――戦後篇　A Song for Kwansei

一九四五（昭和二〇）年八月、日本の敗戦によって太平洋戦争は終結した。しかし、戦争が終わったとはいえ、戦後の日本は六年八ヶ月間、つまりサンフランシスコ講和条約が発効するまでの間、アメリカを中心とする連合軍の占領下に置かれ、国としての主権はなく、多くの自由が制限された。日本の製品も、今のようにMade in Japanではなく、Made in occupied Japan（被占領国日本製）と記さなければならない時代であった。そのような中、連合国総司令部（ＧＨＱ）が戦後いち早く行ったのが学制改革であり、関西学院の教育体制も大きく変わった。それについては少々込み入っているので、本話末尾のコラムを見てもらうこととし、当面は第四話の校歌の話の戦後篇を続けることにする。

創立六〇周年とブランデンによる新校歌

戦後、一九四九（昭和二四）年には関西学院は創立六〇周年を迎えることになった。まだ戦後色が強く残る、連合軍の統治下にあった貧しい時代ではあったが、どす黒く塗られた校舎の迷彩もとれ、戦後初の周年行事として華やかで明るい印象が私の中に残っている。そしてこの六〇周年を記念して一九四九年に作られたのが、次のE・ブランデン氏によるA Song for Kwansei である。私は関学の新制中学三年生になっていた。写真1はブランデン氏直筆の歌詞である。

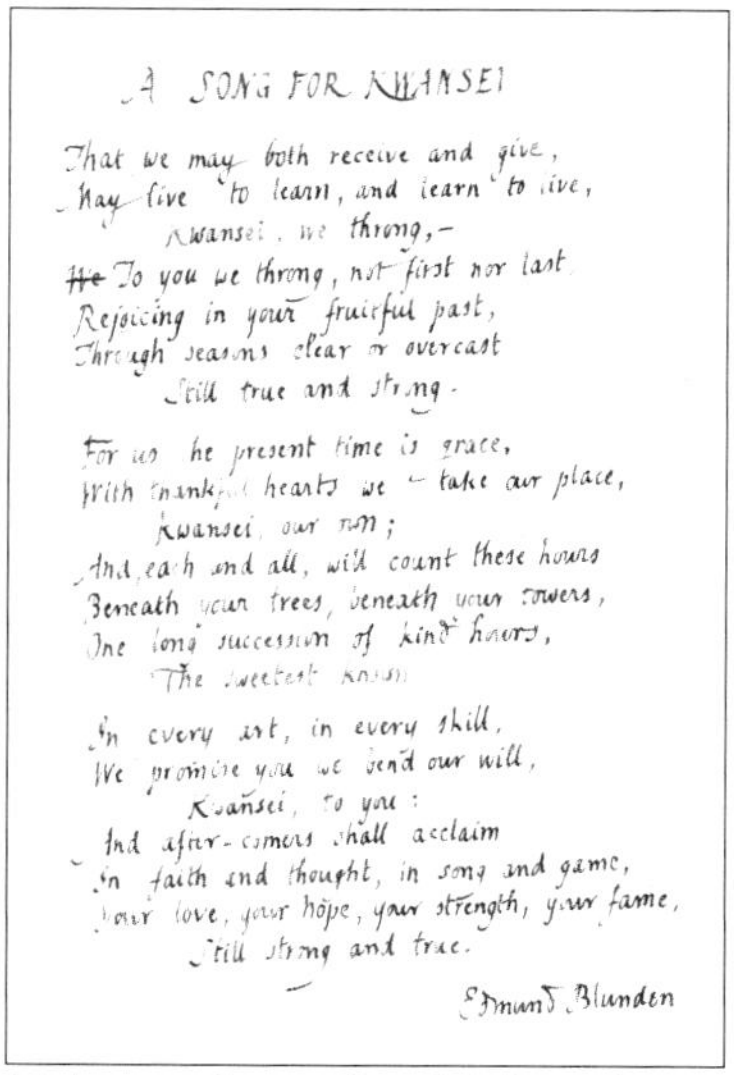
A SONG FOR KWANSEI

That we may both receive and give,
May live to learn, and learn to live,
Kwansei, we throng,–
~~We~~ To you we throng, not first nor last
Rejoicing in your fruitful past,
Through seasons clear or overcast
Still true and strong.

For us the present time is grace,
With thankful hearts we take our place,
Kwansei, our own;
And, each and all, will count these hours
Beneath your trees, beneath your towers,
One long succession of kind hours,
The sweetest known

In every art, in every skill,
We promise you we bend our will,
Kwansei, to you:
And after-comers shall acclaim
In faith and thought, in song and game,
Your love, your hope, your strength, your fame,
Still strong and true.

Edmund Blunden

写真１　ブランデン氏直筆の歌詞
（提供：関西学院大学学院史編纂室）

関西学院に捧ぐる歌

東山正芳訳

我等うけ入れ、また与えんため
学ばんが為に生き、生きんが為に学ぶため
関西学院よ、わられは集《つど》う。
汝のもとに我らは集う、先もなく後もなく
汝の実り多き過ぎし日をよろこび、
晴れたる、曇りたる四季を通じ、
常に誠実にそして力強く。

我等にとりて現在《いま》は恵み
感謝の情《こころ》もて己が持ち場を守る、
関西学院よ、我らのもの。
一人一人、我等はこの時をかぞえん、
汝の木々の下《もと》に、塔の下《もと》に、
一つなる心温まる時の長き連《つら》なりを
比ぶるものなき芳《かんば》しきものを。

いずれの芸術《たくみ》、いずれの技術《わざ》にも
誓いて我らは意志を汝に傾く。
おう母校関学よ。
あとより来たるものは歓呼して迎えん、
信仰にも思想にも、歌声にも競技にも、
汝《な》が愛を、望みを、力を、名声を
常に力強く誠もて。

A Song for Kwansei

Edmund Blunden 作詞、山田耕筰作曲

That we may both receive and give,
May live to learn, and learn to live,
Kwansei, we throng,—
To you we throng, not first nor last,
Rejoicing in your fruitful past,
Through seasons clear or overcast
Still true and strong.

For us the present time is grace,
With thankful hearts we take our place,
Kwansei, our own;
And, each and all, will count these hours,
Beneath your trees, beneath your towers,
One long succession of kind hours,
The sweetest known.

In every art, in every skill,
We promise you we bend our will,
Kwansei, to you;
And after-comers shall acclaim
In faith and thought, in song and game,
Your love, your hope, your strength, your fame,
Still strong and true.

この曲の歌詞は、戦後の日本に対する文化顧問として一九四七年から一九五〇年四月まで滞日された著名な英国の詩人、ブランデン（Edmund C. Blunden, 1896-1977）によるものであるが、本学の文学部教授の英文学者・寿岳文章（文学専門部英文科、一九二三、大正一二年卒）の依頼に応えて作詞された。ブランデンは学院キャンパスを二度訪問されたようで、一度目はノルマン先生の宣教師館に一週間ほど滞在され、二度目は一九四九年の二月一日から作詞のために来院され一泊されたようである。上の詩は、それらの訪問時

1949年6月25日

學藝

美しい友情で 新校歌なる

われら心の限り傾むけん

関西学院よ、君に誓う

ブランデン氏　ブランデン夫人

心まつ発表の日

寿岳文章

写真２　新校歌誕生を伝える関西学院新聞
(1949 年 6 月 25 日発行)

の印象と、事前に寿岳先生から送られていた資料をもとに作られたものであり、作曲はやはり山田耕筰によって同年六月になされている。なお写真2は新校歌の誕生を伝える関西学院新聞である。

なお原詩の訳には、72頁のコラムで紹介する寿岳氏自身によるものがあるが、きわめて格調が高く、また旧仮名づかいによるものだったので、上には、私が一九七四年に関西学院グリークラブの顧問に就任したときに、詩の意味をよく理解した上で歌ってもらいたいと思い、私の前任のグリーの顧問であった東山正芳文学部教授（文学専門部英文科、一九三一、昭和六年卒）に分かり易く訳してもらったものを紹介した。

味わい深い新校歌

この校歌は、一番は関西学院の過去、二番は現在、三番は未来に順次触れ、上ヶ原キャンパスの状景に関西学院建学の精神を織り交ぜた実に格調高い美しい校歌だと思う。

中学部三年生のときに、私がこの英詩に最初に直面した時、大いにとまどったことを覚えている。That で始まる英文？　これは一体何だ？　という印象であった。そしてお恥ずかしいことに、これは、that の前に In order を付けて、In order that として、「that 以下の事をするために、われわれは関西学院に集う」と理解するまでに、随分時間がかかった。

それでは、何をするためにわれわれは関西学院に集うと言っているのか。「受け入れるため、与えるために、また、学ぶために生き、生きるために学ぶために」、「我らは関西学院に集う we throng to Kwansei」と言っているのである。そしてさらに「最初でなく、最後でなく、我らは汝の下に集う」と続く。教育を、生きるという人生全体の中で大きくとらえ、人間を一次元序列的に一本の物差しでとらえるのでなく、神様から一人一人がいただいた様々な個性をもってお互い与え合い、影響を受け合う存在としてとらえた、スケールの大きな詩である。

そして三番では、学校というところには、芸術も技術も、信仰も思想も、歌声も競技も、様々な価値がバランスよく併存する場であること、そしてそのような中で、二番にあるように、自分が受けている恵みに感謝しつつ、「比ぶるものなき芳しき、心温まる時の長き連なり」を生きる姿を、母校関西学院を二人称で You と親しく呼びかけて歌っている。因みに戦前からあった Old Kwansei（付録参照）では、Her sons will give, Banzai（「その子らは、万歳を叫ぶならん」）とあるように、母校の呼称は三人称である。

このように A Song for Kwansei には、関西学院における学びはかくありたいと願う気持ちが、キャンパスの風景を背景に美しく表現されている。関西学院で学ぶことが、他の大学で学ぶこととどう違うかがよく現れていると思う。ただ、動画投稿サイト等で聴いてもらうと分かると思うが、この校歌のメロディーは難しく、普段、われわれが気軽に口ずさむには適した曲とは言えないのが残念である。

なおこの新校歌も関西学院グリークラブによって、一〇月二九日に中央講堂で行われた創立六〇周年記念式典で発表され、出席のブランデン氏は「生きているオルガンを聞くようで、とてもきれいだった。ありがとう」と感想をのべられたという。次のコラムの寿岳氏の日本語訳は、当日の発表会のプログラムに印刷されたものである。

コラム1　寿岳文章氏による A Song for Kwansei の訳

かたみに享けて　かたみに與へ、
生くるを學び　學びに生きて、
関西、きみに。
つどへるわれら　たからかにいざ　たたえむ、君を。
こしかた、ゆくて、晴れに、曇りに、
かはらぬみのりの
ゆたけき　きみを。

ひとときはいま　われらのめぐみ、
みちたるこころ　君になづさふ、
関西、われら。
きたりて友よ　わかちあはずや、タワーのふもと、

樹の下かげに、つきせぬおもひ、
さちうるはしく、
すごす、この日を。

たくみとわざの　数多くとも
われらのはげみ　ただに示さむ、
関西、君に。
つづくわかうど　よろこびほめよ、
信と思想に、うたと競技に、
なつかし、母校の愛を、希ひを、
はえを、力を。

なお、第四話と第六話で紹介した校歌の話は、二〇〇一年五月一五日、中央講堂で行われた大学春季宗教運動・大学合同礼拝で、グリークラブの協力を得て私が話したことに基づいている。当日はOld Kwanseiの話もしたが、今回は上ヶ原キャンパスで生まれた歌に絞ったので、これは巻末の付録につけた。

コラム2　太平洋戦争後の学制改革

連合国総司令部（ＧＨＱ）が終戦後、最初に行ったのは学制改革であった。不幸な戦争に日本を導いたことの一つに、戦前戦中を通しての軍国主義教育があったとの判断によるものであった。そして一九四七（昭和二二）に始まったのが、今日に続くアメリカ型の単一路線の六・三・三・四の学制である。しかし新学制はまことに慌ただしい出発で、一九四七（昭和二二）年三月に公布された新学校教育法に基づいて、続く四月には早くも新制中学がスタートした。そして私は関西学院に新設された新制中学部の第一期生として四月一四日に入学した。しかし、入学式当日の先生はたった三人、そして関西学院が兵庫県知事宛に新制中学校の設置認可申請書を提出したのは四月一九日と、入学式よりも後であった。われわれはまだましな方で、この年に一斉にスタートした新制中学で、独立の校舎をもち得たのはたった一五％で、青空教室や非正常授業はざらであった。

このようにして新しい学制は始まったが、当然それには過渡期がある。新制中学が始まることによってそれまでの旧制中学はどうなったのか。関西学院の場合、新制中学を旧制中学から完全に分離する方式をとった。それまでは中学校は五年制であったので、新制中学が始まった昭和二二年度には、一学年だけの新制中学と、二―五学年の旧制中学があった。そして翌一九四八（昭和二三）年度からは三年制の新制高校が始まったので、まだ完成していない新制中学に二学年、その上に、新制中学にも新制高校にも属さない旧中学部三年度生が残り、その上に三年制の新制高校が新設された。実はこの新制高校の第三学年は、前年度に旧制中学五年を卒業した学年であったので、昭和二四年春に卒業した新制高校第一期卒業生は、二年続けて卒業證書を手にすることになった。

一方、関西学院の大学はどうだったろうか。それまでは旧制中学五年卒業後、二年間の大学予科とそれに続く三年制の大学のコースがあった。当時の大学は法文学部と商経学部の二学部だったので、予科もそれらに対応する甲乙の二コースがあった。その他に関西学院には、旧制中学五年に引き続き三年間の専門学校のコースがあり、それには文学専門部、高等商業学部、理工専門学部の三つがあった。

四年制の関西学院新制大学は、一九四八（昭和二三）年度から、文学部、法学部、経済学部の三学部体制で始まった。商学部は、当時の文部省とGHQが商学部という名称を認めなかったために、新制大学経済学部・商業学科となっていたが、一九五一（昭和二六）年度に経済学部から独立した。また戦時中廃部となっていた神学部は、新制大学文学部設立と同時に、同学部神学科として再スタートしていたが、一九五二（昭和二七）年には新制大学神学部として独立した。さらにこれまでの三専門学校は、一九五〇（昭和二五）年に二年制の短期大学に再編されたが、短大は二年で閉鎖された。

なお一九四八（昭和二三）年から新制大学になったのは、全国でたった一二大学だけで、国立大学を含む他のすべての大学はその翌年からのスタートであった。そしてこの一二大学の早期スタートには、関関同立を代表する立場で当時の神崎院長が果たした役割が大きかった。* この新制大学第一陣には、関関同立の他、それまで長く逆境に置かれていたキリスト教系の学校や、女子学校が優

＊詳しくは『関西学院大学心理学研究室八〇年史』、一三五―一三六頁のコラム「新制大学の誕生の早期化に関西学院が果たした役割」を参照。

遇されていたのが特徴である。例えば、当時はまだ専門学校であった神戸女学院、東京女子、聖心女子、日本女子、津田塾などが、新制大学第一陣に加えられている。このうち最初の三校はキリスト教主義学校である。

写真３　ジェーン台風の被害を受けた校舎
（撮影：著者*）

なお戦後の学制改革が進行の最中、一九五〇（昭和二五）年九月三日に関学を襲ったジェーン台風のことに少し触れておきたい。写真は、ジェーン台風の被害をまともに受けた現在の高中部本部棟の写真である。この校舎は、最初は大学予科の専門棟として建てられたが、台風当時は、同年四月に発足していた短期大学応用化学科が使用していた。そこを台風が直撃したもので写真のように礼拝堂の天井が吹き飛んでしまった。そしてこれが短大閉鎖の一つの理由となった。その後、この建物は修理され、翌一九五一（昭和二六）年には新制中学部の専用棟として用いられることになり、現在にいたっている。台風当時私は新制中学三年生だったので、私はこの校舎を経験していない。なお写真手前は、実験用の仮設バラックで、ものの見事に全壊であった。

【参考文献】

今田寛　一九八一　校歌"A SONG FOR KWANSEI"　据えられた土台　関西学院宗教センター

今田寛　一九八九　関西学院のうた（六）——「A SONG FOR KWANSEI」望みはいずこに　関西学院宗教センター

今田寛　二〇〇三　目に見えないもの、言葉にならないもの　二瓶社

今田寛　二〇一五　関西学院新制中学部誕生物語　～資料に基づく回顧～　関西学院史　紀要　第二一号　七—三三頁
http://hdl.handle.net/10236/13026

関西学院大学心理学研究室八〇年史編集委員会（編）　二〇一二　関西学院大学心理学研究室八〇年史（一九二三—二〇〇三）
—今田恵の定礎に立って—　関西学院大学心理学研究室

寿岳文章　一九六三　歌おうブランデン作の校歌　戦中戦後の学院の思い出　母校通信、第三〇号（昭和三八年一〇月一五日）

山中源也　一九八一　関西学院八十年史　関西学院グリークラブ部史発行委員会

＊撮影は著者によると記憶しているが、今となっては確証がない。

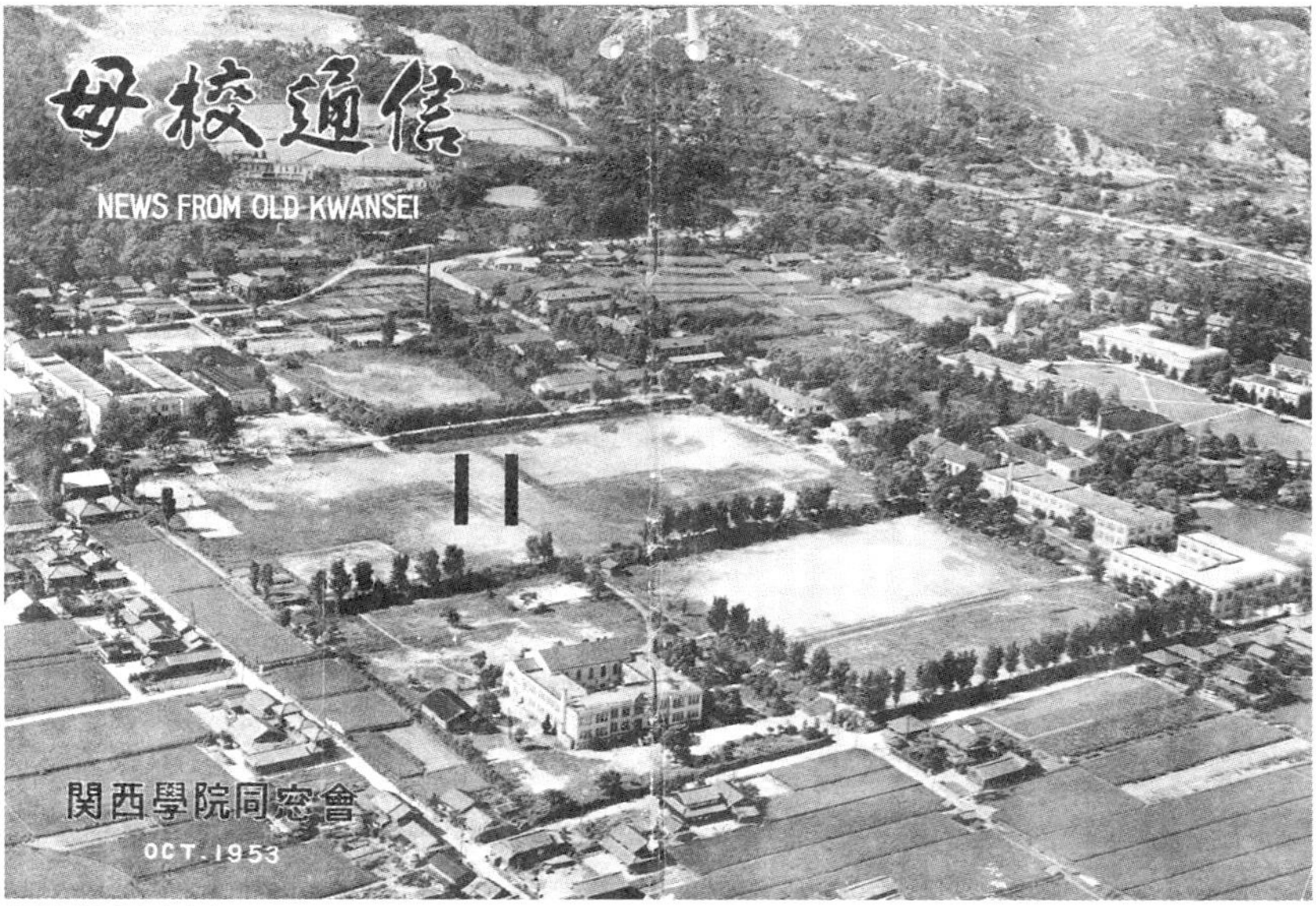

母校通信表紙
往時のポプラ並木の全容をもっともよく残している写真の一枚である。手前の校舎は現在の高中部本部棟。
（出典：母校通信 11 号、関西学院同窓会　1953 年 10 月発行）

第七話　上ヶ原キャンパスのポプラとクスノキ

関西学院校歌「空の翼」にも歌われているように、ポプラは学院の象徴である。第四話のコラム（37頁）でも見たように、作詞者の北原白秋もポプラの幹に手をおいて「空の翼」の構想を練った。そして少なくとも往時は、上ヶ原はポプラの羽ばたくキャンパスであった。右の頁の航空写真や第四話の写真2（41頁）のグラウンドの土手の上のポプラ並木も爽やかであったが、正門を入ったところの左右のポプラ並木も堂々としていた（下の写真1）。

写真１　正門を入ったところの左右にあったポプラ並木　1949、昭和24年頃
（出典：46頁の英文書, p.2）

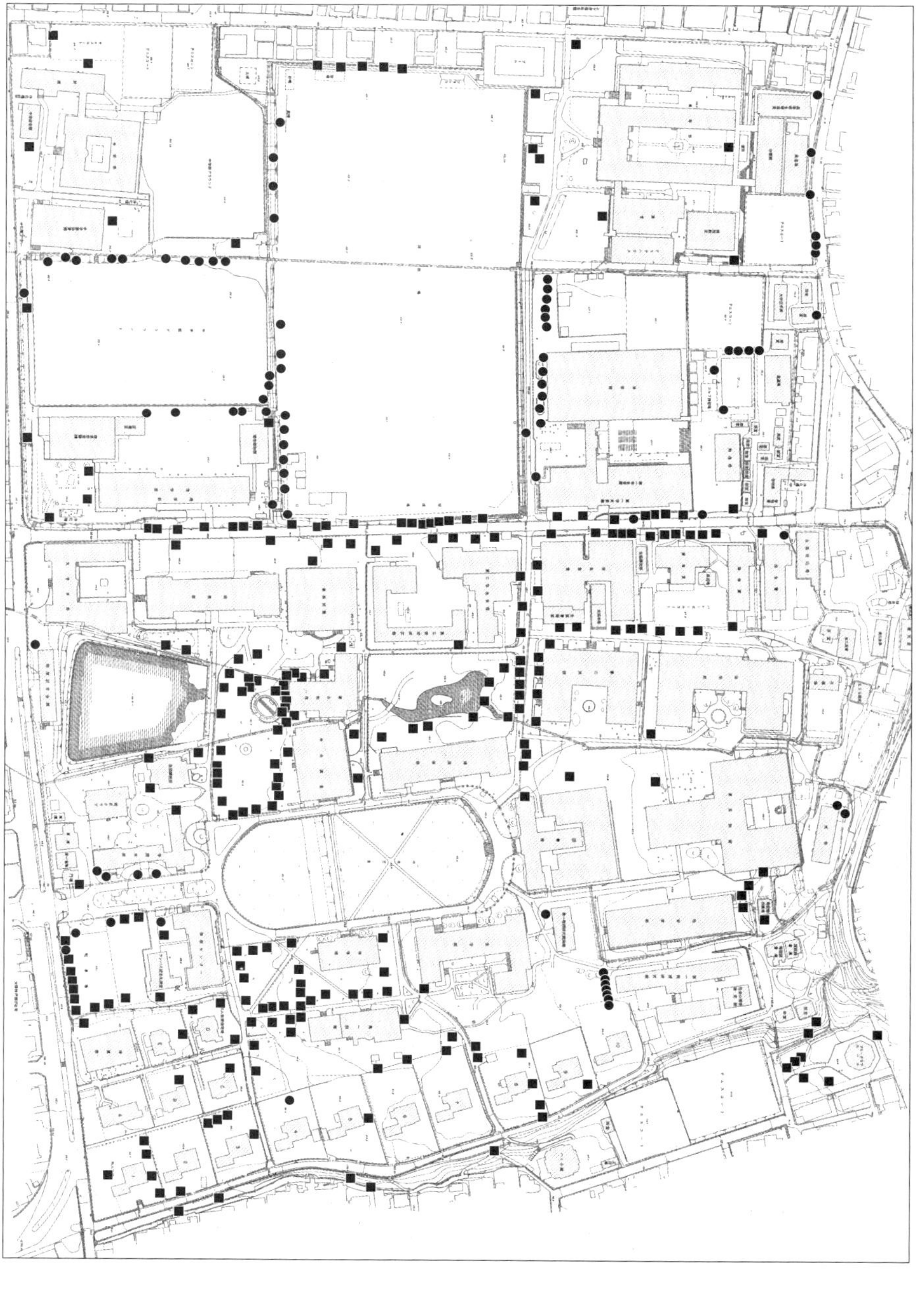

写真2　1979（昭和54）年の上ヶ原キャンパスのポプラとクスノキの位置
●はポプラ、■はクスノキ、地図は1974年のものである。（関西学院総務・施設管理課提供の地図をもとに作成）

上ヶ原キャンパスにポプラとクスノキは何本あったか？

しかしキャンパスを歩くと、クスノキの多いのにも気がつく。そこである時、ポプラとクスノキは一体何本あるのかが気になり、施設課で当時のキャンパス・マップをもらい、それを手に何日もかけて朝の散歩時にそれぞれの木の場所を地図上に記入した。私のメモには一九七九（昭和五四）年一二月とある。写真2は、当時の青刷りの地図が消えかかっていたので、施設課と竹中工務店に当時の鮮明な地図を探してもらい、それに昔の記録を転記したものである。素人なので木の種類の見間違いもあるかもしれないが、結論から言えば、当時はクスノキが二五〇本、ポプラが八三本と、クスノキがポプラの約三倍と多かった。予想外の大差であった。

写真３　上ヶ原キャンパスを南北に分かつ道路沿いのクスノキ並木（撮影：著者）

ポプラとクスノキの現状

では現在はどうかというと、印象としてはポプラがすっかり目立たなくなり、クスノキの存在感が増した。写真3は、上ヶ原キャンパスを南北に分かつ道路沿いのクスノキを主体とする並木であるが、この緑のトンネルはかつてのポプラに代わる関学の新名所といってもよいほど堂々として美しい。

クスノキ

第二話でも紹介したように、上ヶ原キャンパスのクスノキは、学院の上ヶ原キャンパスの完成を祝って、元の地主の芝川又衛門氏が、自分の年齢に合わせて七七本のクスノキの若木を学院に寄贈したのが核になっている。それから九〇年、当時の若木は写真4のような大樹となり、その何本かの老木は西宮市の保護樹木に指定されている。これらの大樹が集中しているのは、神学部、F号館、宗教センターが囲む空間と、中央講堂と新月池に囲まれた空間である。

写真4　新月池横のクスノキ
（撮影：著者、手前は西宮市保護樹）

因みに、クスノキは兵庫県の県木であり、西宮の市の木でもある。

クスノキを私が好むのは、その堂々とした姿もさることながら、毎年四、五月になると、古い葉っぱがすべて落ち、代わりに黄緑の若葉に覆われる姿である。卒業生を三月に送り出し、四月にフレッシュな新入生を迎える姿と重なり、何か気分が高揚する時期である。

なお保護樹木を示す立札には、「市の木。葉や根は、虫よけの樟脳を造る原料として用いられる」とある。世に serve する樹木でもある。

ポプラ

クスノキがどっしりと座った姿であるのに対して、ポプラはすっくと姿勢よく立っている姿がよい。「空の翼」を作詞した北原白秋も、上ヶ原の広々とした自然の中で青空に高く梢を伸ばすポプラの姿を見て、風、光と謳ったのであろう。そしてわれわれも、ポプラを関学のシンボルとして愛情を寄せてきた。経済学部の地下にかつてはポプラという名の喫茶室があったし、いまも関学会館の中にもレストラン・ポプラがある。

ただ、私はポプラについて衝撃の経験がある。それはある年の台風（多分一九五〇、昭和二五年のジェーン台風）で、写真1の正門付近のポプラのほとんどが、根こそぎ倒れたときのことである。その時誰かが、「ポプラは根が浅いからな」と言ったのでショックを受けたのである。それまでの私は、風にそよぐポプラの姿やその葉音の爽快さが大好きであった。そしてその爽やかさを関学と私に重ねて、かくありたいと願ってぃた。ところがそのポプラは、実は根が浅いから台風のような逆境に弱いというのである。それを聞いて私は自己否定されたような、人には言えないような恥ずかしさを感じた覚えがある。それまでも、関学の卒業生はスマートだがしたたかさと力強さが欠けるという、世評を気にしていたからでもあろう。

実は、後年私が大学の責任をもったときに、最初に「力強い関学」を強調した背景には、このような体験があった。そして、光の明るさ、風の爽やかさを伴う力強さ、つまり「関学三原色、風・光・力」をモットーとするようになった。私のイメージの中では、地上の姿はポプラの爽やかさ、根っこの姿はクスノキの安定性というハイブリッドの姿が描かれていた。

ポプラとクスノキ、この二つは共に関学になくてはならないものの象徴である。

しかし最近は上ヶ原キャンパスのポプラは随分少なくなった。目立たなくなった。創立一〇〇周年に同窓

写真5　高等部野球場バックネット横の土手の上に立つポプラ
（撮影：著者）

会が中心になってポプラ募金を行ったが、その成果は今のところあまり目立たない。その一つの理由は、学内に大きな建物が次々と建ち、キャンパスが、ポプラが似合う環境でなくなったためだろう。北原白秋が「空の翼」の構想を温めた上下二段の大グラウンドも、時代を異にする二つのキャンパス・マップ（80頁と124頁）を比べるとわかるように、すっかり狭くなってしまった。かつての土手のポプラも、立派なのはたった二本になり、写真5はその一本である。これは高等部の野球場のバックネット横にあるが、これも木の形からしてかつてのようなすらりと空に聳えたつ第四話の写真2（41頁）のようなポプラではないように思うし、もはや並木はない。もっともこの形は風に強くするために剪定したためかもしれない。

いま、かつてのポプラ美を再現しようとすると、いろいろ条件が必要に思う。一つは台風で倒木することを考えて人家の近くには植えられないこと。いま一つは、ポプラはやはり一本でなく直線に並ぶ並木であってほしい。そしてポプラ並木が似合うのは青空を背景にした広々とした空間が広がっている所でなければならない。そうすると第3フィールド（第一〇話の写真2（125頁）参照）などはどうだろうかと勝手なことを考える。そしてできるならば、尖端は自然にすらりと伸ばしてほしい。

いずれにしても、「ポプラは羽ばたく、……上ヶ原ふるえ」と威張って歌えるようになってほしい。しかし私の歳ではもはやかなわぬ夢であろう。

上ヶ原キャンパスについて語るとき、ポプラとクスノキだけで終わるわけにはいかない。何といってもキャンパスの特徴の一つは、広々とした中央芝生である。中央芝生から時計台、甲山を見た姿に一目ぼれして関学に来た人がどれほどいたことか。そんな話を何人もの同窓生から聞いたように思う。

中央芝生

いつだったか、中央芝生の裾、宗教センターの横辺りを通りかかると、どこかの高校生数人のグループが芝生を眺めていた。その時誰かが、「ああ広！　これ何のためや！」と驚きの声をあげた。それを聞いて私の方が驚いた。毎日見慣れている中央芝生なので、「何のため」など考えたこともなかった。しかし私の驚きは何か情けなさを伴うものだった。この子は、世の中のものはすべて「何かのために」、すぐに役立つもののためになければならないと思っているのだろうか。だとすればポプラもクスノキも芝生もこの子には意味はない。何たる思考の貧困！　こんなことだからエコノミック・アニマルなどと揶揄されるのだと思った。

心理学に「図」と「地」という言葉がある。リンゴの静物画ではリンゴそのものは図である。そしてその背景が地である。いくら立派にリンゴが描けても、地が図にマッチしてなければ絵としては台無しである。関西学院の建学の精神は、キリスト教主義に基づく人間教育である。いくら知識や技術を詰め込んでも、その担い手が人間として立派でなければ意味はない。これも図と地の関係である。そしてポプラもクスノキも、美しい上ヶ原のキャンパスも中央芝生も、地としての人間性形成のためにあると思う。静かな美しい環境の中では、都会の喧騒や雑然の中では見えないものが見え、聞こえないものが聞こえる。時には自分の人間性の奥深いところにも目が届き、内なる声も聞こえる。上ヶ原キャンパスで学ぶ者は、気はつかないだろうが、四年間学ぶ間にこのような環境の影響を間違いなく受けている。そして気づかないうちに身に着いたものほど本物で長持ちするものはない。ブランデンが新校歌で謳ったように、われわれは学ぶために生きるため、生きるために学ぶために上ヶ原に集っているのである。人生という長いスパンで学びを考えるのがわが母校である。

宣教師・建築家ヴォーリズは、このような思いでもって中央芝生を作り、美しいキャンパスをデザインしたに違いない。

ただ中央芝生について残念なのは、芝生といいながら、よく見ると今はほとんどが雑草である。何とか本物の芝生にならないものだろうか。そうすると維持・管理が大変と聞いたが、まがい物は関学らしくない。こちらはやる気になれば、私が生きている間でも間に合う。

しかし美しいキャンパスはある意味ではもろ刃の剣のようなところがある。次のコラムはかつて私が新入生に向けて書いた文章であるが、最後に当時のまま引用する。

コラム　美しいキャンパスに住む魔物

新入生の皆さん、ご入学おめでとうございます。これからの四年間が、良くも悪くも貴方の人生を決定します。充実した生活を送って下さい。

都会の喧騒から離れた緑豊かな美しいこのキャンパスは、学びの環境としては最高。こう思うのが普通です。しかしこのキャンパスにも魔物が住んでいます。周囲の状況に関係なく自分で自分を熱くすることのできる人は別ですが、一般に個が弱いと言われる日本人は、周囲から火をつけられなければ燃えません。都会の喧しさや、赤い灯・青い灯によって乗せられ、その勢いで仕事をしたり勉強をする。それが日本人のエネルギー源の一部のように思います。

こう考えると、この静かな美しい関学のキャンパスでは、余程自分がしっかりしないと世間並みの目覚めの水準には達しません。つまり世間も羨むこの美しい環境の中には、一見、より恵まれていない境遇に置かれている人達の二倍、三倍努力しなければ世間並みになれない不利があるのです。これが魔物の正体です。われわれ教員も講義を通して皆さんに放火魔のように外から火をつけます。しかし皆さんもこの美しさの中に潜んでいる魔物に自らの努力で意識的に立ち向かって下さい。

美しい自然の中でしか見ることができない人間性の最も深いところに目を向け得る利点を生かして、豊かな潤いのある人間に成長してください。

（関学ジャーナル第一四八号、一九九七・四・三、「学長寸言」より）


以上、クスノキ、ポプラ、中央芝生と、上ヶ原キャンパス美をとりあげたが、桜はどうした、紅葉はどうしたという声が聞こえるように思う。それほど上ヶ原キャンパスの自然美は美しい。桜は、正門に至る直線道路が「学園花通り」と、少々こそばくなるような名前がついている西宮の名所のひとつになっている。またキャンパス内にも、上ヶ原移転当時に芝川又衛門氏から寄贈された一五〇本の桜を核にして、随所に美しい桜がある。そして秋のモミジも誇らしい。特に中央芝生から文学部と神学部の間を抜けてハミル館に通じる径は、一一月には素晴らしい紅葉のトンネルになる。またハミル館に下りる土手に群生しているモミジの古木も見ごたえがある。秋にはぜひ見てほしい。

第八話　関西学院・関西学院教会・キリスト教

「びっくりしたな！　皆下向いて、目つむって、お祈りしよんねん！」。これは私の四期後輩のK君が、関西学院新制中学部に入った時の印象である。彼は関学がキリスト教主義の学校であることを知らないで、キリスト教とは無縁の家庭から関学に入学してびっくりしたらしい。しかしこのような人はかなりいるに違いない。そしてK君同様、礼拝の時間には最初はきっと戸惑ったに違いない。しかししばらく在学しているうちにそれにも慣れ、今度は今更聞けない状態になり、キリスト教主義学校で学びながら、キリスト教と関西学院について余り知らないままで卒業していくのではないだろうか。

また多くの学生は毎日の登下校時に、上甲東園に関西学院教会があるのを見て、この教会と関西学院の関係は？　と思う人もいるかもしれない。こんなことはどうでもよいと疑問さえ持たない人もいるだろうが、それでは私学・関西学院としてはさびしい。

そこで第八話では、このような今更聞けないような疑問に答えたい。四項からなる最初の節は、以前あるところで学生のために書いた「キリスト教の基礎知識」の部分引用である。語り調の文体をそのまま残した素人による初歩的なキリスト教の解説と思ってほしい。

キリスト教の基礎知識

カトリック教会とプロテスタント教会

キリスト教には……三つの大きな流れ（これを宗派といいます）があります。東方正教会は私たちにあまりなじみがないので、ここでは主な二つ、カトリック教会とプロテスタント教会の説明をしましょう。カトリック（Catholic）教会は、正式には「ローマ・カトリック教会」といいます。西欧キリスト教会がローマの教会を中心に発展したためです。きらびやかな法衣を身にまとったローマ法王（教皇）の姿は皆さんもテレビや新聞で見たことがあるでしょう。プロテスタント教会というのは、このカトリック教会に対する抗議（プロテスト、protest）として一六世紀にドイツに生まれました。プロテスタント（protestant）というのは「抗議をする人たち」という意味です。中世末期のローマ教会はすっかり世俗化し、その堕落と腐敗は目に余るようになり、本来信仰の本質とは無関係のはずの儀式や形式や制度が一般市民を圧迫するようになりました。これに対して一五一七年、ドイツのマルチン・ルター（Martin Luther, 一四八三—一五四六）が起こした抗議運動が契機となって、西洋史ではルネサンスと並んで大きな位置を占める宗教改革がヨーロッパ各地で起こりました。そしてそれがローマ教会に対抗する大きな勢力として結集して生まれたのがプロテスタント教会なのです。一切の形式的なもの儀式的なものは信仰においては本質的でなく、個々人の信仰の唯一の拠りどころは聖書であるべきだと主張します。上にローマ法王のきらびやかな法衣と書きましたが、あのような大仰な装飾的なものはプロテスタント教会には無縁です。ですから教会の内部のつくりも、カトリックの大聖堂に比べると素っ気ないくらいシンプルなものが多いです。

（そして関西学院はプロテスタント系の学校です。）

プロテスタント教会の教派とメソジスト*

プロテスタント教会もその長い歴史の中でいろんな立場の違いが起こり、いくつかの教派が生まれるようになりました。本学が元来属していた教派はメソジスト（Methodist）といわれます。日本では太平洋戦争中に、いろんな教派があると統括・監視が困難だというので、当時の日本政府によって諸教派は「日本キリスト教団」という連合体にまとめられました。戦後、教団から分かれて元にもどった教派もありますが、メソジストを含むいくつかの教派は日本キリスト教団所属のままです。ですから本学は正確には旧メソジスト派に所属していたというべきでしょう。プロテスタント教会でやや特殊なのが英国で起こった抗議運動にルーツをもつ英国国教会の総称である聖公会という教派です。これは形式的にも立場的にも、カトリックとプロテスタントの中間に位置します。

＊関西学院の創立の頃にはメソヂストと表記されていたようであるが、ここでは今日の表記メソジストで統一する。

宗派で異なる用語、礼拝とミサ・牧師と神父

キリスト教では宗派の違いによって用いる用語が異なる場合があります。たとえばプロテスタントでいう礼拝はカトリックではミサといいます。つまり私どものプロテスタントではミサという言葉は使いません。また牧師というのはプロテスタント・キリスト教会で説教をし、聖礼典を執り行う人ですが、カトリックのそれに当たる人は神父と呼ばれ、牧師とは言いません。逆にプロテスタントでは神父という言葉は使いません。また上に述べた聖公会では、聖職者に司祭という言葉を用います。

キリスト教系の大学

ちなみに日本の大学でカトリック系の大きな大学には、上智大学、聖心女子大学、南山大学などがあり、プロテスタント系の大学には、関西学院大学、同志社大学、神戸女学院大学、青山学院大学、明治学院大学などがあります。そして聖公会系の大学には、立教大学、桃山学院大学などがあります。

チャペル

皆さんは、よくチャペルの時間という言葉を聞くでしょう。また口にするでしょう。さらに正門を入ったすぐ右にはランバス・チャペルがあるのもご存知でしょう。このようにChapelは、建造物としての礼拝堂の意味と、礼拝式の意味と、両方あることも覚えておいてください。

〈以上が、キリスト教の基礎知識である。以下、関西学院に則してもう少し補足をする。〉

南メソジスト監督教会

関西学院の創始者ランバスは、アメリカ南部の南メソジスト監督教会の宣教師である。そもそもメソジストという教派は、一八世紀のイギリス聖公会の司祭、ジョン・ウェスレー（John Wesley, 1703-1791）の信仰覚醒運動に端を発するが、そのウェスレーの有名な言葉に、「Gain all you can, save all you can, give all you can」（「できる限り獲得し、できる限り節約し、できる限り与えよ」）という言葉がある。大いに稼ぎ gain、大いに節約し貯金し save、それを世の中に役立つよう捧げなさい give」という教えである。この教えは、関西学院のスクールモットー Mastery for Service の根底にあることがうかがえるだろう。われわれが学問を修め、人格を磨く（Mastery）目的は、社会への奉仕（Service）にあるというモットーである。

メソジスト教会は、後年アメリカにわたって大きな勢力となるが、アメリカのメソジスト教会は南北戦争を機に南部は北部から分裂し、南メソジスト監督教会となった。監督という言葉が入っているのは、メソジスト教会のルーツであるイギリス聖公会の監督制度（一種の身分・階級制度）を遺している教派を意味している。今では南北の区別はないが、歴史的には北の流れを汲むのが青山学院であり、南の流れを引くのが関西学院である。そして関西学院の創立が一八八九（明治二二）年と青山学院よりも一五年も遅いのは、南北戦争の敗戦に伴う南部の経済的疲弊によって、南の日本宣教が遅れたためである。

いまどき昔の教派の話をするのは時代錯誤かもしれないが、歴史を知っておくことは大切と思う。

蛇足かもしれない今一つ。私が幼い時に父の書棚に、「南美以教会」という名の本を見て何だろうと思ったことがある。南メソジスト監督教会は、英語では Methodist Episcopal Church, South と言われるが、頭文字をとって「ME」と略し、さらに明治大正の時代には、それに「美以」という漢字を当て嵌めたようである。したがって私が父の書棚でみたのは「南メソジスト監督教会」の本だったのである。

コラム１　メソジストという言葉の由来

英語の辞書でmethodistを引くと、「メソジスト派の人」もあるが、一般名詞として「方法［形式］を重んじる人、方法論者」ともある。また別のところにはメソジスト教派の名前の由来について、「敬虔で清潔で規則正しい生き方、つまり生活の方法（method）を重んずることから几帳面屋、堅物を意味するメソジストとのあだ名、それが正式名称となる」とあった。J・ウェスレーの几帳面ぶりは、友人たちが彼のことを、「彼と話していてもちっとも面白くない。時間が来ると、何を話している最中でも、さっさと席を立って次の予定に移ってしまう」と言ったところにも表れている。

私は、この習慣、行動によって心を引っ張るような生き方に、一心理学者として興味をもつ。悲しいから泣くのか、泣くから悲しいのか、楽しいから笑うのか、笑うから楽しいのか、と問われると、大抵の人は、悲しいから泣く、楽しいから笑うと、心が先で、行動が後と答えるだろう。この考えを疑ったのがアメリカ心理学の父と言われるW・ジェームズである。彼は行動が先で心が後と考える。この考えを巡ってはいろいろ議論もあったが、今日、この考えは完全に否定されているわけではない。そして私も「体が心を引っ張り、リードする」というこの考えが好きである。特に今日のコンピュータ時代、知的な事ばかりが恰好よく思われ、体を使い、汗をかくことが軽く見られる時代にあってますます強くそう思うようになった。

ジェームズも「習慣とは紙につけられた折りあとのようなもので、一旦つくとなかなか取れない」という意味のことを言っている。そして若いときによい習慣を体に刻みつけることの大切さを述べている。若い人はこのジェームズの言葉を大切にし、よい習慣を早めにつけてほしい。そして歳をとった人も、体で心を引っ張る姿勢を大切にしてほしい。大声で歌を歌えば楽しくなるものである。勢いよく歩けば心も活性化されるものである。

ただ歳をとると、若い時の習慣が仇になることもある。若い時のように動くと怪我の元になり、昔はこうじゃなかったのにと嘆くことになる。私は最近、「動作の前には一呼吸」を心がけている。

関西学院教会

下校時に甲東園に向かって歩く人ならば、上甲東園のバス停の側に、写真1のような関西学院教会を必ず目にするはずである。この位置からはどこにも関西学院教会という名は見えないので、気づかないで通り過ぎる人もいるかもしれない。

この関西学院教会は、今では日本キリスト教団所属の、関西学院とは独立した普通の教会であるが、

写真１　上甲東園にある、日本キリスト教団関西学院教会
（撮影：著者）

一九一五（大正四）年に原田の森に誕生した当初は、外には開かれていない学校教会であった。つまり牧師は学院の礼拝主事、教会員は学院の学生、生徒、教職員、そして礼拝は学内のチャペルで守られ、学内の宗教活動を推進する拠点としての学校内の教会であった。この学校教会の状態は上ヶ原キャンパスに移転してからも続くが、過渡期を経て、関西学院教会は一九五三年には宗教法人となり、関西学院の名前は残ったが、学校法人関西学院とは独立した普通の地域教会になった。そして同年、現在の上甲東園の地に土地を購入し、一九五六年には教会堂が竣工して今日に到っている。奇しくも教会堂の建った位置は、ヴォーリズが上ヶ原キャンパス・デザインの構想を練るために立ち、そこを起点として甲山を終点とする二・四キロの軸線を着想したポイントの側であった（第二話、写真3（22頁）・写真4（23頁）参照）。

登下校の折には、どうかキリスト教主義学校・関西学院の精神的ルーツを堅持している教会として、関西学院教会を見てほしい。

ハミル館

上ヶ原キャンパスには、原田の森からの移転に際して移築された建物が一つある。それがハミル館である。中央芝生から文学部と神学部の間の径を北に進むと、宣教師住宅の北側の道に出る。そこから左下の一段低い所、上ヶ原キャンパス北端にあるのがハミル館である。今は文学部総合心理科学科の施設の一部であるが、ハミル館は関西学院教会とも縁が深いのでここで紹介する。

ハミル館は原田の森に一九一八（大正六）年に竣工した。元来、キリスト教の教えを子どもに伝える日曜学校（現在の教会学校）の教師養成のために、日本メソジスト教会日曜学校局が、原田の森キャンパスの一部を借りて（第一話、写真1（12頁）参照）建てたものである。南メソジスト監督教会のハミル牧師（H. M. Hamill）の寄附を基にした建物なのでハミル館と名づけられた。設計はヴォーリズである。正方形の四隅を切り落としたような八角形のユニークな形の木造モルタル二階建てである。写真は昔の外観をかなり残している現在のハミル館である。

しかしハミル館の日曜学校教師養成学校は二年しか続かず、同学校が経営する日曜学校も一九二二年からは関西学院教会に委譲されることになった。しかし日曜日以外は使われないハミル館は、一九二〇年からは高等学部文科（翌年からは文学部）の仮校舎として使われるようになり、一九二三年に文学部本校

現在のハミル館　（撮影：著者）

舎が完成した後は、心理学実験室が二階の三室に開設された。この心理学実験室は、学院神学部を卒業後、東京帝国大学で心理学を学び、一九二三年の卒業と同時に学院初の専任の心理学教員として迎えられた今田恵の創始になるもので、わが国の私学では最初、東大、京大に次ぐ心理学実験室であった。

その後、一九二九年の上ヶ原移転に当たって、ハミル館は建物の所有者の日本メソジスト教会の要請もあって、将来ともにキリスト教教育に矛盾しない目的のために使用されることを条件に、上ヶ原に移築されることになった。そして上ヶ原移築後のハミル館は、関西学院教会が今に続く仁川幼稚園を開設し、日曜学校も継続した。

しかしハミル館の老朽化と、関西学院教会の学院からの独立に伴って、一九五四年に仁川幼稚園が上甲東園の現在地に移転したため、一九五六年には文学部心理学科が、生まれ古巣に戻るかのようにハミル館に入居し、心理学科の専用棟になった。

その後一九九八年には、神学部裏の文学部別館跡に新築されたF号館完成に伴って、心理学科は四二年間のハミル館時代を終えることになった。しかし文学部改組により現在の総合心理科学科の発足にあたり、ハミル館は二〇〇三年には再び総合心理科学科が用いるようになり、現在にいたっている。

そして二〇一八年一一月三日には、ハミル館は築一〇〇周年を祝った。私は、幼稚園児、日曜学校生、大学生、大学院生、そして教員として四四年間をハミル館にお世話になった者として、当日、「ハミル館一〇〇年の歩み」の講演をする栄に浴した。

原田の森から移設された旧正門
背後は大学院１号館（撮影：著者）

なお、太平洋戦争後、わが国の住宅事情が最悪の時期には、ハミル館の二階は四世帯の関学関係者の住居として使われる時代があった。この時のハミル館での生活については、第一〇話で、高橋信彦先生のご長女・西川光子氏の文章を参考にしてほしい。

旧正門

いま一つ原田の森から移設されたのは、建物ではないが旧正門である。第一話の写真１（12頁）を見てもらうと、左下に小さく正門とある。★がついているので、これもヴォーリズのデザインである。この正門の西側約二〇〇メートルのところに、かつては阪急電車神戸線の終点、上筒井《かみつつい》駅があったので、西向きに正門が設けられたのであろう。そしてこの旧正門は、現在は、写真のように正門前の南北の市道に面した大学院棟の入り口にある。この写真の左には、キャンパスを南北に分かつ市道（第七話、写真3、81頁参照）が走っている。

少しお節介が過ぎるかもしれないが、私の経験から、もしかして役に立つかもしれないキリスト教入門を追加する。関心のない人は無視して結構である。

教会に行ってみようかなと考えている人のために

関西学院は、キリスト教の精神を根底にして教育を行う「キリスト教主義学校」である。したがって在学中にキリスト教の精神を身に体した立派な人間になってほしいと願っているが、決してキリスト教を強要するわけではない。したがって多くの卒業生はキリスト教とは直接縁のない生活を送ることになるだろう。しかし私の友人の中には、歳をとってから関学時代のことを思い出し、キリスト教会に関心をもつようになる者が結構いる。若いときに関学でいつの間にか刷り込まれたものが「通奏低音」のように自分の中に流れているのを感じるという。しかし教会に関心をもっても、どうしてよいか分からないという人も少なからずいる。学生であれば各学部の宗教主事の先生に相談できるが、卒業生の場合はそうはいかない。そこでここでは、友人から何度か相談を受けた経験を踏まえて、キリスト教会への敷居を低くするために役立つかもしれないことを書いてみる。

教会に行ってみたいと思った関学卒業生が最初に調べてほしいのは、自分が関心をもっている教会が「日本キリスト教団」の教会かどうかである。日本キリスト教団の教会であれば、礼拝の形式などは、学生時代に経験したものと類似しているので、あまり「新奇性恐怖」を覚えることはないだろう。つまり出席してもあまり場違いの緊張感を覚えないですむだろう。さらに関学は元来メソジスト系の学校なので、その教会が旧メソジスト系の教会であれば、なおさら違和感は少ないだろう。教派によって礼拝のスタイルはかなり違うからである。

しかしそれでも初めて教会に行くと、分からないこと、初めて経験することが多く、戸惑うのではないだろうか。学生時代に経験した礼拝では、前奏、聖書、讃美歌、説教、祈祷、後奏などは経験したであろう。しかし教会に行くと、献金、詩編交読、使徒信条、主の祈り、祝祷、時には聖餐式、洗礼式など、学生時代には経験したことのないことにも直面する。人は何が起こるか分からない、またどうしてよいのか分からないことに不安を抱く。そこでこれらについての予備情報を提供して、教会への敷居を低くしたい。私の出席している、日本キリスト教団関西学院教会の日曜礼拝（主日礼拝）を例に、説明が要りそうなことやものを選んで説明する。なお「主日」を広辞苑で引くと「キリスト教における日曜日の呼び名。主なる神を崇める日」とある。

関西学院教会の主日礼拝は日曜日の一〇時半から始まる。まず教会に行くと、初めての参加者が記入する用紙があるので、そこに書き込みをする。それが礼拝後に紹介される時の資料となる。聖書、讃美歌は備え付けがあるので借りてもよいが、当日の礼拝に必要なことがすべて印刷された週報も用意されている。礼拝堂に入った後の席は自由である。なお学生時代になじみがあるのは新約聖書が主であったと思うが、礼拝では旧約聖書もよく用いられる。これはキリストが生まれる四〇〇年ほど前までのイスラエルの歴史を扱い、キリストの出現を預言した聖典である。

日本のキリスト教会は、キリスト教への信仰を告白し洗礼を受けた正会員が、教会とその活動を支えるために捧げる**献金**によって成り立っている。そして正会員は、日曜日ごとの礼拝での献金以外に、月定献金、各種特別献金などを捧げる。しかし初めて教会に行く人はそのようなことは心配しなくてよい。出席した礼拝での献金の額はまったく自由である。かつて誰かから聞いたアメリカの小説家、マーク・トウェインがどこかに書いていたという献金にまつわる話が面白いので紹介する。

「ある時彼は、旅先である教会の日曜礼拝に出席した。その日の牧師の説教は非常に素晴らしく、聞いているうちに、最初一ドル献金をしようと思っていたのが五ドルとなり、一〇ドルとなり、最後には献金袋が回ってきた時には、財布ごと入れてしまおうかとさえ思うようになった。ところが説教は延々と続き、なかなか終わらない。それを聞いているうちに、献金の予定額はどんどん下がり、最後には、献金袋が回ってきたら、手を突っ込んでその中のお金を取ってやろうかとさえ思うようになった」という話である。

話の信憑性は定かではないが、如何にも皮肉屋作家M・トウェインらしい話ではある。しかしこの話は、献金というものは自分のその時の気持ちに応じて捧げればよいということをうまく物語っている。

詩編交読というのは、旧約聖書の詩編を、司会者と会衆が交互に声を出して交読することである。次に、**使徒信条**と**主の祈り**であるが、これはキリスト教徒が自分の信仰を確認し、己を律するために一同で斉唱するキリスト者としての信条とお祈りである。**使徒信条**はプログラムの裏面に印刷されているので、それを見ながらただ聞いているだけでもよいし、声を合わせてもよい。**主の祈り**は、信者たちは空で覚えているのでプログラムには通常は書かれていないが、讃美歌21の「礼拝文」のセクションに九三―五番として掲載されている。

次は**聖餐式**であるが、われわれの教会では毎月第一日曜日に守られるほか、クリスマスやイースターなど、特別の礼拝の時にも**聖餐式**がおこなわれる。「聖餐」を広辞苑でみると、「イエスが最後の晩餐で、パンと葡萄酒をとり、『これは私のからだである、私の血である』と言ったことに基づき、イエスの血と肉とを象徴するパンと葡萄酒とを信徒に分かつキリスト教の儀式」とある。われわれの教会では、どこの教会であっても洗礼を受けた者だけが聖餐にあずかることができるので、初めての参列者は聖餐式の間は自席に留まることになる。もっともこの制約条件は、教会によっても、牧師によっても異なることがある。

最後に**洗礼式**であるが、これはキリスト教の信者になるための儀式である。初めて教会に行く人は、将来キリスト教への信仰を自らの意思で表明した時に経験することになる。それまでは求道者という立場で教会に出席することになる。ただプロテスタント系のキリスト教は、信仰は個人のものであって、これは仏教の檀家、神道の氏子などに表れている家単位で宗教をとらえる傾向と大きく違う点だと思う。そして同じ信仰をもった者が集まって形成し、支え・維持しているのが教会である。いま一つプロテスタント・キリスト教の際立った特徴は、聖書を唯一の信仰の拠り所とするだけに、言葉とその理解力が求められることだと思う。

通常の主日礼拝のプログラムの最後は、献金、頌栄、祝祷、後奏で終わり、一二時頃までには終了する。**祝祷**とは、礼拝の終わりに会衆のために牧師が行う祝福の祈りのことで、頌栄に続き、頭を垂れ黙想し、祝祷を受け、そのままの姿勢でオルガンの後奏を聞いて礼拝は終わる。

これだけ知っておれば、少しは安心して教会を訪ねることができるのではないだろうか。お待ちしています。

［参考文献］

今田寛　二〇〇七　広島女学院大学で学ぶための10レッスン　広島女学院大学
今田寛　二〇一七　関西学院教会創立百周年記念講演　関西学院と関西学院教会とハミル館　関西学院教会百年史――八〇年史その後　日本基督教団関西学院教会
今田寛　二〇一九　ハミル館一〇〇年の歩み　一九一八〜二〇一八　関西学院史紀要　第二五号　http://hdl.handle.net/10236/00027601
今橋朗・徳善義和　二〇一七　よくわかるキリスト教の教派　キリスト新聞社

第九話　上ヶ原キャンパスで生活した人たち

成全寮、啓明寮、静修寮、ハミル館

上ヶ原キャンパスには、教育研究のための建物以外に、生活のための建物もあった。キャンパス北端の一〇棟（今は九棟）の宣教師館、現在の関学会館のところにかつてあった六棟の日本人住宅などである。それに戦後の住宅事情が極度に悪い中、ハミル館（第八話、コラム２（96頁）参照）の二階に四世帯が住んだ時期があった。そして学生寮が三棟と寮のための食堂棟があった。

本話での主役は、原田の森時代からの伝統をもつ成全寮、啓明寮、静修寮の三寮の卒業生である。各寮の卒寮生各一名から思い出を寄せてもらった。写真1は往時の三寮と食堂であるが、場所は第二話の冒頭のジオラマ（20頁）を見てもらうと分かるが、今のA・B・C号館の所である。写真2には別の角度から撮ったジオラマ上に撮影位置と思しきところを記入した。写真1は一九四九（昭和二四）年頃のものと思われるが、食糧不足を補うために戦時中に開墾された畑がまだ残っている。かつては、成全寮は主に神学部生、啓明寮は主に体育会系、静修寮は文化系という特徴があったようである。

写真１　1949（昭和 24）年頃の３寮と食堂
右から順に成全寮、静修寮、食堂、啓明寮。
（出典：46 頁の英文書, p.25）

写真２　旧寮の位置
第二話写真１のジオラマ（20 頁）の部分拡大。池の左が時計台・中央芝生。
マークは写真１の撮影場所と思われるポイント。
（提供：関西学院大学博物館）

成全寮で過ごした日々

北村宗次*

私が成全寮を初めて訪れたのは、戦後数年の一九四九（昭和二四）年二月、再建を目指していた神学部への入試・面接のためであった。新潟県の新井（現、妙高市）から夜行急行で十数時間かけて、大阪駅に着き、阪急電車の仁川（にがわ、とは知らず、じんせんと書く、ニカワ？）には、何処に行けばよいのかと尋ねながらであった。しかも梅田で宝塚廻りの便を教えられたものだった。

初めて見る関西学院の正面の図書館の建物は、戦後の名残をとどめ、ドス黒く塗られたままだった。が、陰鬱な雪国から出てきたわたしには、あたりの風景も人々も全てが眩しかった。誰一人知り合いもない関西学院に来たのは、父親の同労者、カナダの宣教師アルフレッド・ストーン氏に勧められ、紹介されてのことだった（このストーン氏は、わたしの大学院卒業半年前、洞爺丸事件で亡くなられた）。

図書館の左奥、神戸浄水場の正面入り口の前にあった学生寮関連の建物四棟の一番奥にある成全寮は神学部の学生の寮であったが、他の学部の学生も何人か入っていた。又新制高校卒業後すぐの私のような者はむしろ少なく、戦地から復員して復学したり、いろいろの事情で回り道をして入学したものが幾人かいた。木造二階建ての寮はおんぼろで、窓からも床下からもすきま風が入ってきた。「成全寮……なりきん寮」など

*一九五三、昭和二八年 神学部卒、一九五五、昭和三〇年、修士課程神学専攻修了。元、日本キリスト教団宝塚教会、東中野教会（東京）、神戸栄光教会牧師

とお互いに揶揄しながらも、それとはほど遠い食糧難の時代であり、まことに粗食ながらも三度の飯を共にし、親しく過ごし、その交流はその後も長く続いた。入試面接のために、泊めさせてもらい、入学から院卒まで六年間の住まいとしてお世話になることになった。戦争中は、軍（予科練？）に接収されていたとか、敗戦後のこととて荒らされたままだったのを、最初の夏休み中に多少改修されはした。勿論女人禁制であった。風呂はなく、上ヶ原の銭湯に友人と二、三日おきに通った。校歌「空の翼」の歌詞を捩《もじ》って、「金に思う我が暮らし」……「ボクラは腹減る」と歌いながら。最初の一年は甲東園に下りたこともなく、帰省で大阪駅を通る以外は、阪神間、神戸の町に出かけることもなかった。ほとんど寮と学校、教会、それに家庭教師のアルバイト先への行き来だった。

はじめての関西で知人も無く、先ず訪ねたのはストーン先生に紹介された長久牧師宅であった。寮の西側の質素なすまいで、先生は関西学院教会の牧師であり、成全寮の舎監も兼任しておられた。長久牧師には公私ともにたいへんお世話になった。昼夜を問わず寮生の相談にのるなど大変だったと思うが、奥様ともども心を砕いて下さった。

忘れてならないのは寮母さんの事である。寮母の渡辺ふじさんは未亡人で、関学高等部在学中の一人息子と寮に住み込み、寮生一人一人に心を配り厳しくも優しい、まさに寮の「母」であった。特に戦後間もなく一五才の時に母を亡くしていた私は、結婚支度にまで気にかけて頂いた。

今時の学生の一人暮らしは様変わりしたようだが、あの当時、貧しい中にも舎監や寮母さん、また寮生同士の温もりのある人間関係があってこそ、六年間心地よく安心して過ごすことができ思い出が多い。卒業して六四年たった今も、成全寮は私にとって青春の居場所として懐かしい。

以上（二〇一九年五月記）

〈実は北村宗次は私の義兄にあたる。義兄はオルガン奏者として、また教会音楽に詳しいという一面もあることを知っているだけに、下のコラムも書いてもらった。今日の新中央講堂の立派なパイプオルガンのルーツであるし、現在の学院オーガニストの走りでもある。〉

コラム　中央講堂のハモンド・オルガン　北村宗次

わたしが入学した年、中央講堂にハモンド・オルガンが入った。手鍵盤二段、足鍵盤二オクターブのオルガンは、学院では初めてのものだった。設置に際し、ヴォーリス氏や大中寅二先生が来られ、若い私もお目にかかるという貴重な体験をすることができた。それからというもの、私はこのオルガンに惹き付けられるように、折を見ては練習させてもらった。当初は、聖和女子短大から婦人宣教師が来て奏いたりしたこともあったが、その後は私が奏くことが多くなった。当時はオルガンを弾く学生は私一人で、そのため中央講堂での礼拝、入学、卒業式など中学部、高等部から大学の各学部の殆ど全ての時奉仕させていただいた。自分の卒業式も私はオルガンのボックスの中にいた。

成全寮にいたこともあり、中央講堂でのグリークラブの練習の合間をくぐって、練習したものである。卒業後、牧師を生涯貫いたが、教会音楽、讃美歌に関わることが多く、「讃美歌21」（一九九七年初版）の編集委員会代表を努めさせられた。

あの時あのハモンド・オルガンが無ければ私の人生が変わっていたかも知れない。とにかく、私のその後の人生に大きな影響を与えてくれた。

上ヶ原「関学啓明寮の思い出」

古川滿昭*

寮行事の思い出

一九六二年四月に新入寮生として一〇名が欣喜雀躍して「啓明寮」に入寮しました。

新入寮生として受けた「ストーム」「つぶし」「田吾作旅行」「キャロル」等、今は昔の懐かしの寮伝統的行事について紹介しておきたく思います。

ストーム

入寮間もなくの真夜中に「火事だ」とたたき起こされ、狼狽えたまま玄関前に一年生全員整列させられ寮の共同生活と自治について熱心に説明教育されました。これが最初に受けた畏れ多い洗礼の「ストーム」でした。

つぶし

寮生活にも慣れたころ、新入寮生が一人ずつ目の前のロウソク一本の部屋に召集され、寮長はじめ諸先輩からこれまでの生活態度について指摘叱責され是正を求められ「長幼の序」「礼節」規範と「あいさつ」励行を叩き込まれました。これが「つぶし」で、当時の啓明寮誌のネーミングにもなっていました。共同生活と自治のために、自我の見直し、今まで身についた殻からの脱却など、自律的な自己変革を求められました。

写真３　大阪心斎橋大丸屋上での啓明寮田吾作旅行状景
（提供：古川滿昭）

田吾作旅行

田吾作旅行は原田の森時代、一九一三年一〇月一七日の関西学院創立記念日に行われた仮装行列が初めてで戦後に連綿と引き継がれてきました。寮生が非日常的な汚い服装姿格好をして大勢で神戸や大阪の繁華街を高歌愛吟し闊歩する行事でした。

キャロル

キャロルは寮生バンカラ気風と全く異なり、一二月になると毎日熱心に練習した讃美歌を、敬虔な聖歌隊のごとく神妙に隊列を組んで夜に上ヶ原界隈を合唱して巡るクリスマス・キャロリングでした。

＊一九六六、昭和四一年卒寮、同年経済学部卒業、村田製作所勤務、石川県出身

寮火災の思い出

二年生の時に、一九六三年九月五日早暁、啓明寮が焼失し呆然自失しました。故郷帰省から戻った寮長以下四〇名の寮生が百合町のアパートや民家に分散寄宿しながら毎日寮食堂に集まり、「啓明寮」再建復活に向けて結束し、自治寮としての共同運営を継続しました。

焼失した「啓明寮」は木造・モルタル白壁・赤瓦屋根二階建ての思い出で深い建物でした。一九二九年に関西学院が大学昇格の為に原田の森から上ヶ原に移転した時、同時に「成全寮」「静修寮」の三寮と共同食堂と共に新築されたものでした。

一九六四年四月一〇日に鉄筋コンクリート四階建て男子寮新棟が女子の新棟「清風寮」とともに建設されました。この新寮に啓明寮と命名してもらうように現役寮生と寮ＯＢはじめ関係各位の協力を得て学院・大学に陳情し、新棟の命名が「啓明寮」と決まった時に寮生抱き合って喜びに咽んだ感慨深い記憶が蘇ります。

新たに寮生が募集され各学年二〇名の総勢八〇名の規模の新しい寮でした。伝統行事の継承と新旧寮生の融和の共同自治運営が開始されました。

「万朶《ばんだ》の桜」に続く第二寮歌は、新生「啓明寮」の新旧寮生が協同ワークし誕生しました。「先輩から受けた恩恵は、後輩に報恩する」精神が伝統として引き継がれておりその精神風土を嬉しく思います。

全学統一記念祭の思い出

一九六五年一一月　関西学院創立七六周年記念祭は、その時の啓明寮長が全学執行委員長に就任し、成全寮・静修寮三寮が核となり、関学の全学部と文化総部・体育総部はじめ全総部が一つにまとまり挙行されたことは痛快でした。

私は記念祭実行委員会企画部長として、「安逸に、時勢に付和雷同することなきよう、熟慮思考して行動すべく互いに錬磨しよう」と統一テーマ「流れに棹をさせ」を掲げました。

恒例行事の覇業交歓はじめ、末川博・立命館総長を招き「期待される人間像」の特別記念講演会や大ヒット曲「ごめんネ ジロー」歌手・一八歳の奥村チヨを迎えた野外ステージでの初めての後夜祭などのイベントを催したことが懐かしく思い出されます。

寮が軸となり学院・大学と学生が一体となって全学挙げての統一記念祭の快挙はさわやかな青春の思い出です。

その三年後一九六八年に学園紛争が勃発し不幸で不毛な星霜を重ねた混沌荒廃の中、啓明寮が毅然として自治を貫き通したことを改めて誇りに思う次第です。

最後に、本稿作成の機会をいただいたことに感謝し、茲に関西学院のキリスト教主義に基づく人格の陶冶、この精神のモットー「Mastery for service」奉仕のための練達が日々不断でありますようにと祈っている次第です。

以上（二〇一九年五月記）

静修寮の思い出

中西格郎*

中西氏は、ご本人の希望により、インタビューによる聞き取りの形式をとった。

――ご出身は?

島根県松江高校の出身です。

――何故関学に?

関西で私学に行くなら関学が良いという、大阪の従兄弟の勧めによるものです。

――では何故静修寮に入られたのですか?

私は、高校時代は軟式庭球をやっていて、国体にまで出たことがあるので、本来であれば体育会系が多いといわれる啓明寮を希望するべきだったかもしれません。しかし大学では体育会のしがらみから解放されたい思いもあって、学生課とも相談して静修寮を希望しました。

――静修寮に入寮され、四年時には寮長もなさったと聞きますが、静修寮の生活で忘れられないことなどを聞かせてください。

何といっても入寮後の最初の一週間の印象は強烈で、いまでも忘れられません。

入寮して早々のことですが、一時限目の授業は決して遅れてはならぬから早く寝ろとの先輩の指導で早くに就寝し、寝込んだ頃に、「火事や!」という叫び。大混乱になり、パンツ一つで逃げ惑う者、窓から外へ飛び降りる者、大騒ぎになりましたが、それは先輩が仕掛けたストーム。その後、一人一人先輩五，六人がずらりと並ぶ部屋に呼び入れられ、〝洗礼〟を受けました。真ん中に牧師の姿をした先輩がどんと座り、次々と質問を投げかけてくるのですが、新入寮生はというと、パンツ一つ上半身裸で、頭を床に擦りつけんばかりの姿勢で先輩の前にひれ伏せさせられるのです。〝牧師〟の左右の先輩は、バットをもってドンドンと木の床を叩くので、思わず頭を上げると、「頭が高い！」と一喝。また頭を床に擦り付けるといった具合でした。それが一〇分ほど続き、終わりに、キリスト教の聖餐式を真似たのでしょうか、ぶどう酒の代わりに、とても飲めたものではない強烈な酢のにおいのする飲み物を飲まされました。そして最後に、裸の背中に墨汁で字を書かれて解放でした。そうこうするうちに夜は明けて、先輩たちが用意してくれた風呂に入って食事をし、一時限目の授業に臨むという〝洗礼〟を受けました。

これは静修寮で代々受け継がれてきた入寮儀式でしたが、私が卒業後数年して、窓から飛び降りた者が骨折した事件があり、それを機にこの儀式は中止になったようです。

この儀式に続いて、今度は新入寮生が先輩に対して何をしても良いと言う無礼講の一週間が用意されていました。今度は新入生があれやこれやの手を使って先輩たちに仕返しをするのです。夜中に下駄を履いて廊下をガタガタ歩いて睡眠妨害をしたり、とても飲めたものではない飲み物を先輩に強要するのですが、先輩も無礼講を約束した手前、怒ることなく新寮生の要求に従ってくれたものです。忘れられないのは、ジュースに尿を混ぜた飲み物を先輩に持って行ったところ、臭いで尿が入っていることが分かっていながら、無礼

＊一九六〇、昭和三五年法学部卒、元学校法人関西学院事務局長

講のルールにしたがって飲んでくれた先輩の姿でした。

今では考えられないことです。

いま一つ忘れられないのは、年一回の「田吾作旅行」でした。この日は全寮生が思い思いの奇抜な仮装をして奈良や京都に繰り出すのですが、道中、汚い恰好をしてデパートで一〇円で買い物をして来いというような無理難題の課題が下級生には課せられます。ただよくしたもので、寮生の中には一人だけ、普通の服装をしたいわば渉外係が居て、駅に近付くと汚い仮装集団がくることを前触れをして乗車の了解を得たり、切符を買ったりする役をやるのです。しかし当時は、世の中全体が〝学生さん〟には寛容な時代で、行く先々で歓迎され、一緒に写真を撮ったり、楽しい時代でした。

私の在学中に経験した学内の出来事に薬学部問題というのがありました。これは学院が篠山に薬学部をつくろうとしたことに対して、教職員組合が反対して実現しなかった出来事です。今一つは、西宮市が甲山にロープウェーを設置しようとしたのに学内に反対運動が起こり、これを撤回させた事件もありました。

そのような時代でしたが、寝食を共にした寮生の仲間は、八〇歳を超える今も続いている生涯の友人で、私の人生の大きな財産となりました。

以上（二〇一九年五月）

〈なお、文中の田吾作旅行は、発祥は原田の森時代の啓明寮にあるようであるが、啓明寮の田吾作旅行は今はなく、続けられているのは静修寮のみだということである。しかし規模は随分縮小され、形態も変わってきたとのこと。時代というものであろうか。〉

戦後のハミル館で過ごした五年間

西川（旧姓高橋）光子*

〈ハミル館の簡単な説明に引き続き〉

父・高橋信彦は原田の森時代から、日曜日はハミル館及び神戸周辺の日曜学校の分校の校長や先生を務めたようである。第二次世界大戦が激しくなり、子供達も幼かったため、母の両親が居住していた朝鮮の仁川《じんせん》に疎開することになり、一九四二（昭和一七）年三月に父は学院の教師を辞し、五月から京城《けいじょう》師範学校教師として赴任し、一九四五年終戦により母の両親の住む仁川に戻り、翌年三月に日本に戻ってくることが出来た。帰国後直ちに父は学院に復職を許され、とりあえず家族五人は甲東園の喜多福治先生宅に約二週間お世話になった。

その間に、戦争中、関西学院教会の牧師であった釘宮辰生先生宅に帰国報告に訪れた際に、是非戦後のハミル館の日曜学校のために協力してもらいたいと言われ、とりあえずハミル館の二階奥の二部屋（和室と洋室）を提供して下さることになり、一九五〇年までの五年間を過ごすことになった。当時のハミル館は戦争中に外壁には黒いペンキが無造作に塗られ、二階の洋室には軍隊が使用したとみられる木製の二階だてベッドが三つ置かれており、五年間そのベッドを使用させていただいた。私達は小学五年、三年、幼稚園児だった。

＊一九五九、昭和三四年、文学部英文学科卒、一九六一、昭和三六年大学院修士課程英文学専攻修了

その五年間二階には四組の住人達がいた。私達以外に一階の管理人室に居住しておられた仙波家の息子達の勉強部屋が階段を上がってすぐ右の部屋に、それに続く二部屋には神崎驥一元学院長の親族の江口一家五人、階段を上がってすぐ左の角部屋に、当時幼稚園の先生をしておられた熊本出身の緒方節子さんがおられたのを憶えている。

一階は幼稚園が管理されていたが、二階は日曜ごとに中学科と高等科が分級で使用するので、毎日曜日ごとに我家の家族五人が早く起きて、階段から二階の部屋迄ふき掃除をして教会学校の準備をしたのも今となっては懐かしい思い出である。高橋家の和室もときどき教室として使用されたこともあった。二階の大部屋の奥の部屋は教室ではなく、殆どの者は関心もなかったが、好奇心おうせいな私達姉妹はそれが図書室だったと知って、いろいろな本との出会いを楽しんだ。

ハミル館の庭を経て向こう側には大学のテニスコートがあり、ウィークデーはテニス部部員が二階の一部屋をネットなどの収納場として用いていたことも思い出される。クリスマス・シーズンになると学院からハミル館へ下ってくる坂の途中に並んで、クリスマス・キャロルを歌って下さったいくつかのグループのことも懐かしく思い出される。

実際の生活面では、トイレは一階にしかなく、各家庭には台所はなく、階下に降りて水道を使用し、外で火をおこした七輪を二階まで持って上がり、各部屋で調理をしたことなど今の時代では考えられないことである。そして日曜毎に家族で宝塚温泉に出かけて行き、入浴を楽しんで戻ってきたことなども今となっては懐かしい思い出となっている。

以上（二〇一九年五月記）

〈なおハミル館とその写真については、第八話のコラム２（96頁）を参考にされたい。また米田満（経済・昭和二六年卒）によると一九四六（昭和二一）年に活動を再開したアメリカンフットボール部が、２階の東の大部屋を仮部室として用いた時期もあった。〉

写真４　時計台裏の池を前景にした宣教師館（8-10 号館）
（出典：46 頁の英文書, p.30）

宣教師館での生活

関西学院はその創立の経緯からして、北米の宣教師とその派遣母体が、学院の財政面、運営面、広義の教育面に果たした役割は非常に大きなものがあった。そしてその宣教師たちが住んだのが上ヶ原キャンパスの北端に一〇棟（現在は九棟）東西に並ぶ宣教師館である。宣教師たちの間ではこの並びは Missionary row と呼ばれ、日本人の間では外人住宅と呼ばれていた。今でこそ宣教師館の住人は少なくなったが、本書が対象とする昭和前中期には一〇棟すべてが宣教師とその家族で満たされていた。写真４は、まだ時計台の裏に池があった頃の宣教師館の姿である。

なお宣教師館での生活は、アン・ケネディーさんのブログ、https://annbkennedy.blogspot.com/ を開き、Search the Blog とあるマス目に Kwansei Gakuin と入れると、ブログの主の母親、ボニー・ベルシュさんが関学滞在中に認めた日記に見ることができる。ボニーさんのご主人は一九五四年度に文学部で教育学史、米国思想史の通年授業を担当したので、アンさんを含む四人家族は一九五三年から七号館に滞在した。日記の内容についてはふれないが、当時おられたティール、アウターブリッジ、ハービン、ブレイ宣教師たちとの交流や、学院生活の様々な姿を見ることができる。何よりも圧巻は、当時の日本では珍しかったカラー写真の数々である。カラーで再現できないのが残念であるが、そのいくつかを紹介する（写真5―7）。いずれも一九五三（昭和二八）年現在のものである。巻頭の口絵3を見ると、カラー写真の質の高さがうかがえるだろう。

写真５　聖火リレー
上ヶ原キャンパスの記念祭のために原田の森から走り継がれた聖火。
（提供：アン・ケネディー）

写真６　中央芝生における記念祭覇業交歓風景
ブログには芝生の下段にヘリコプターが着地している写真もある。
（提供：アン・ケネディー）

写真７　お手伝いさん用の和式風呂に入るアンさん（右）
宣教師館７号館にて。
（提供：アン・ケネディー）

〈なお、今回は一九六四年に建てられた女子寮・清風寮は取り上げていないが、執筆をお願いする適切な方を探し得なかったことが主な理由である。ただ副次的な理由としては、清風寮は上ヶ原キャンパス外に建てられたこともあり、本書のタイトルにそぐわないという面もある。なお清風寮はその後移転し、現在は西宮聖和キャンパス内にある。〉

第一〇話　おわりに――現在の上ヶ原キャンパス

以上、約五〇年前までを中心に上ヶ原キャンパスについてあれこれ述べてきたが、最後に現在の上ヶ原キャンパスを、空から、そして平面図で眺め、今と昔を比較したい。

まず写真1は、今日の上ヶ原キャンパスの平面図である。第七話写真2（80頁）の平面図に対応するものであるから、両者を比較するとキャンパスの変わりようが歴然であろう。随分建物が増え、かつて広々としていたグラウンドにも数多くの建物が建った。

上ヶ原キャンパスの今日

それではグラウンドで練習していた体育会各部の練習場所はどうなったのか。それを示しているのが写真2である。①~④までが、順に第1フィールドから第4フィールドである。遠方の練習場に電車に乗って通わざるを得ない大学が多い中で、キャンパスの近くにこのように運動場が備えられている大学は幸せというべきであろう。この写真2のカラー版は巻頭の口絵1である。

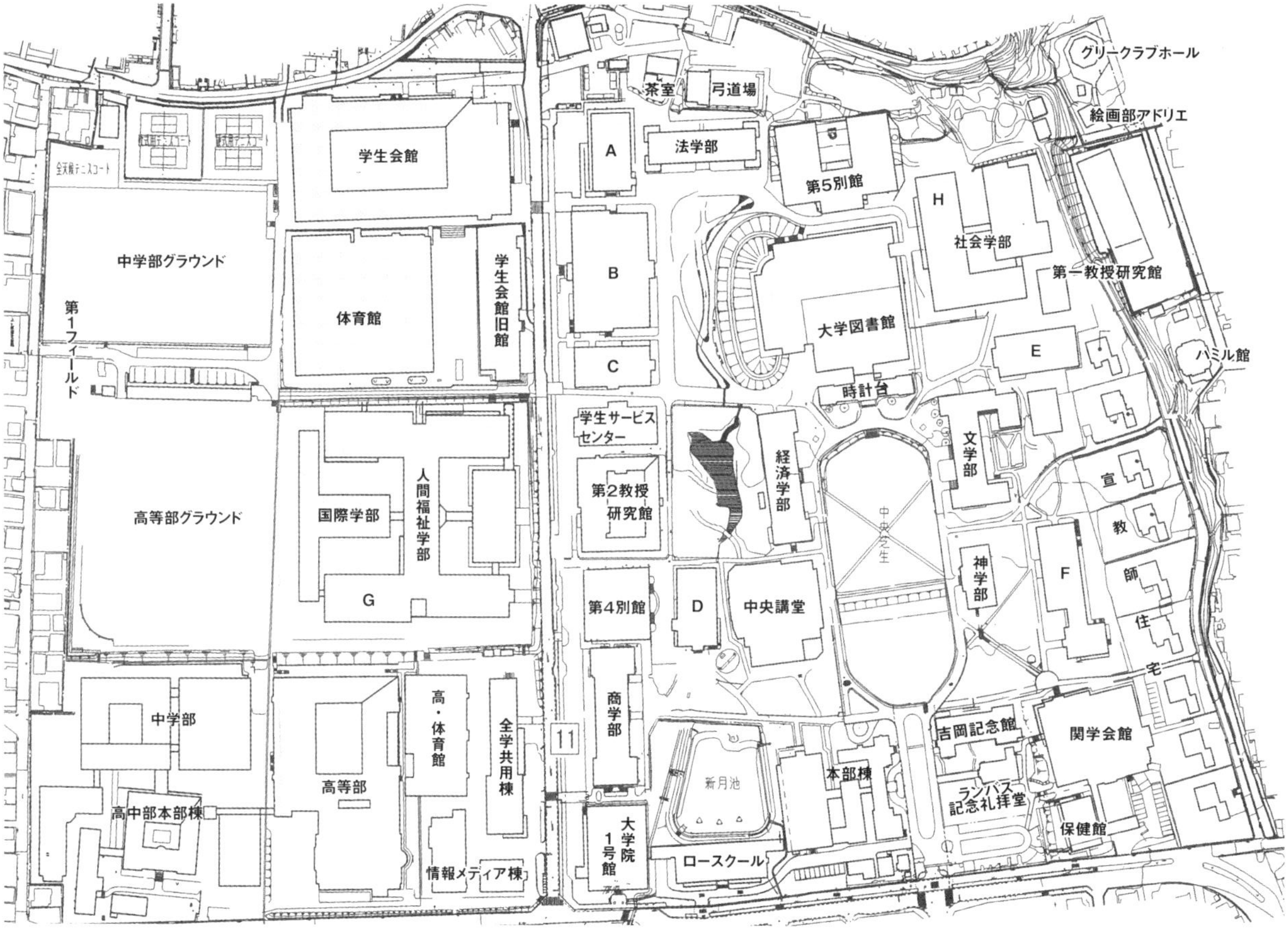

写真1　現在（2019年）の上ヶ原キャンパス
（関西学院総務・施設管理課より提供の地図をもとに作成）

写真2　今日（2018年）の上ヶ原キャンパス航空写真（口絵1のカラー写真と同じ）

①第1フィールド：中・高部グラウンド、（ソフトテニス部、北ゾーンに弓道部）②第2フィールド：陸上競技部、ラグビー部、自動車部、準硬式野球部、洋弓部　③第3フィールド：硬式野球部、馬術部、アメリカン・フットボール部　④第4フィールド：庭球部、サッカー部

（提供：関西学院広報室）

なお第4フィールドは、阪神水道企業団の甲山調整池を暗渠にした上に設けられている。この調整池は予備の貯水槽であるが、神戸市、芦屋市、西宮市、宝塚市の各家庭の蛇口に、巡り巡ってではあるが、繋がっていると思うと、毎日蛇口をひねるのが楽しくなる。

また第4フィールドの左下に見える円形の施設は、神戸市水道局上ヶ原浄水場である。この浄水場は、関西学院が上ヶ原に移転するより早く、一九一七（大正六）年に完成したもので、神戸の市街地に水を提供している。

今日の体育会、文化総部、その他の総部

本来は、体育会や文化総部の昭和期の活躍にも触れたいところであるが、何しろ数が多く、こちらを取り上げ、あちらを取り上げないというわけにもいかず、ここでは二〇一九年現在の体育会傘下の四二部、文化総部傘下の三四部、その他の四総部を、創部年順にリストするに留める。ただ創部年については基準の取り方で異なるので、原則として『関西学院事典』（増補改訂版・二〇一四）に準拠した。そして部史を発行している部については、そこに記載されている自己申告の創部年を優先させ、その他については根拠とした記述を引用した。これ以外にも学生課に登録されている団体は数多く、神学部、法学部、商学部各学生自治会傘下の研究会の他、スポーツ系、文化系、研究系の各種同好会が上ヶ原キャンパス、神戸三田キャンパス、西宮聖和キャンパス別にあり、同好会の総数は二〇一九年現在八一にのぼる。各系合わせると、上ヶ原五〇団体、神戸三田二四団体、西宮聖和七団体となっている。

体育会（体育会学生本部を除く 42 部）

創部年		部名称	部　史	発行年
西暦	元号			
			原田の森キャンパス時代	
1890	M23	相撲部	・関西学院相撲部百年史	1990
1894	M27	ボート部	・創部 100 年の歩み：復活 50 年を記念して　“1894 年創部の端艇部”	1998
1899	M32	硬式野球部	・関西学院野球部 100 年史	1999
1909	M42	柔道部	・関西学院大学柔道部八十年史	1989
			・関西学院大学柔道部 100 年史	2009
1912	M45	剣道部	・関西学院大学剣道部百年誌	2013
〃	〃	庭球部	・関西学院大学庭球部百年史	2013
1917	T6	弓道部	・弓道部 50 年の歩み	1968
			・弓道部 70 年の歩み	1988
			・関西学院大学体育会弓道部九十周年記念誌	2008
1918	T7	サッカー部	・関西学院大学蹴球五十年史	1969
			・関西学院大学サッカー部 70 年史	1989
			・関西学院大学サッカー部百年史	2019
〃	〃	陸上競技部	・関西学院陸上競技部七十年史	1988
			・関西学院陸上競技部八十年周年記念誌	1998
			・関西学院陸上競技部九十周年記念誌	2008
1919	T8	水上競技部	・弦泳　創部 80 周年記念号	1999
1920	T9	山岳部	・エーデルワイス 17 号―山岳部 80 年史	2000

創部年		部名称	部　史	発行年
西暦	元号			
1926	T15	バスケットボール部	・CRESCENT60――関西学院大学体育会バスケットボール部 60 年史	1987
1928	S3	ラグビー部	・関西学院大学体育会ラグビー部八十年史	2008
〃	〃	卓球部	・関西学院大学卓球部四十年史	1970
			・関西学院大学卓球部六十年史	1990

上ヶ原キャンパス時代

1930	S5	航空部	・関西学院大学体育会航空部 70 周年記念誌	2008
〃	〃	ボクシング部	・関西学院大学ボクシング部 70 年史	2000
〃	〃	馬術部	"2015 年に創部 85 周年"	
1931	S6	スケート部	"1931 年に…スケート倶楽部"	
1932	S7	アイスホッケー部	・アイスホッケー部の 70 年 1932-2002	2002
1933	S8	スキー競技部	・雪艇：創部 70 周年記念史	2003
〃	〃	自動車部	・関西学院大学体育会自動車部創部 80 周年記念式典次第	2013
1935	S10	バレーボール部	・白球に賭けた青春譜　関西学院大学バレーボール部 40 年史	1979
			・白球に賭けた青春譜　関西学院大学バレーボール部創部 60 周年記念	1995
1936	S11	ソフトテニス部	"36 年、運動部加入が認められた"	
1938	S13	拳法部	・体育会拳法部 70 年の軌跡（DVD）	2008
1939	S14	ヨット部	・関西学院大学体育会ヨット部創部 50 周年記念誌	1989
1940	S15	フェンシング部	・関西学院大学フェンシング部 60 周年記念誌	2000
1941	S16	アメリカンフットボール部	・Fight on Kwansei 関西学院大学アメリカンフットボール部 50 年史	1991
			・Fight on Kwansei：誇り高き戦士たちの 65 年史	2006

創部年 西暦	創部年 元号	部名称	部史	発行年
太平洋戦争後				
1945	S20	レスリング部	・関西学院大学レスリング部創部50年史	1995
1946	S21	ハンドボール部	"1946年に創部され"	
〃	〃	体操部	"1946年に…創部"	
1947	S22	準硬式野球部	・関西学院大学軟式野球部50周年史	1997
1948	S23	空手道部	・関西学院大学体育会空手道部50周年記念誌	1999
1950	S25	バドミントン部	・関西学院大学体育会バドミントン部創立50周年	1999
			・関西学院大学体育会バドミントン部創立60周年	2010
1952	S27	ゴルフ部	・関西学院大学体育会ゴルフ部創部50年記念誌	2004
1953	S28	陸上ホッケー部	"1953年に創部"	
1956	S31	射撃部	・関学射撃—創立20周年記念—（創刊号）	1976
〃	〃	ワンダーフォーゲル部	・記録五十年の踏み跡：関西学院大学ワンダーフォーゲル部史	2006
1957	S32	重量挙部	・関西学院大学重量挙部50年史	2007
1958	S33	洋弓部	・関学洋弓部30年の歩み	1988
			・関西学院大学洋弓部40年間の歩み	1998
			・関西学院大学洋弓部50年間の歩み	2008
〃	〃	カヌー部	・関西学院大学体育会カヌー部創設50周年記念誌	2008
1960	S35	合気道部	"2010年に50周年"	
1998	H10	ラクロス部	・関学ラクロス20年記念誌：20年の誇り	2009

文化総部（文化総部学生本部を除く 34 部）

創部年		部名称	部　史	発行年
西暦	元号			
1896	M29	英語研究部（ESS）	・関西学院大学英語研究部（E.S.S.）100 年史	1998
1899	M32	関西学院グリークラブ	・関西学院グリー・クラブ史（注：40 年史）	1940
			・関西学院グリークラブ八十年史	1981
1912	M45	能楽部	・関西学院大学能楽部 100 周年記念誌―100 周年の歩み―	2012
1913	T2	関西学院交響楽団	・Kwansei Gakuin Symphony Orchestra 1913-2003: 第 100 回定期演奏会を記念して（創部 90 周年記念資料）	2003
1915	T4	絵画部弦月会	“1915 年ごろに「弦月画会」の名称で活動を開始”	
1917	T6	マンドリンクラブ	・関西学院マンドリンクラブ 50 年史	1968
1924	T13	国際研究部	・国際問題研究部三十年史（上巻）	1954
〃	〃	劇研究部劇団狸寝入	・劇研究部 80 年史	2004
〃	〃	映画研究部	“1924 年…映画研究会が創部”	
1927	S2	囲碁部	“1927 年に…文化総部の部として承認”	

上ヶ原キャンパス時代

1929	S4	文芸部	“上ヶ原移転時に文芸部が創部”“1945 年に…復興”	
1932	S7	写真部	・アングル 50 周年記念号	1982

太平洋戦争後

1946	S21	軽音楽部	・関学軽音 60 年栄光の軌跡	2006
1947	S22	茶道部	・関西学院大学茶道部創部 50 周年誌	1997
1950	S25	古典芸能研究部	“1950 年に創部”	

創部年		部名称	部史	発行年
西暦	元号			
1955	S30	将棋部	“1955年ごろ…正式に創部を果たした”	
〃	〃	音楽研究部	“55年、…文化総部に加入”	
1958	S33	ユースホステル部	・関西学院大学文化総部ユースホステル部五十周年記念誌	2008
1959	S34	ハーモニカソサイアティ	“1924年に母体…1959年に再結成”	
1960	S35	混声合唱団エゴラド	“1960年に部に昇格”	
〃	〃	書道部	“60年、文化総部加入”	
〃	〃	邦楽クラブ	“60年に文化総部に昇格”	
〃	〃	速記研究部	“1961年頃の創部”	
1961	S36	I. S. A	“61年に文化総部のクラブに昇格”	
1963	S38	ユネスコ研究部	・関西学院大学ユネスコ研究部20周年記念誌	1983
1964	S39	いけばな部	“60年…「生花クラブ」…64年「いけばな部」”	
1965	S40	クラシックギタークラブ	“65年にクラブに昇格を果たした”	
1966	S41	古美術研究クラブ	“66年には…文化総部の部に昇格”	
1967	S42	詩吟部吟月会	“67年に…文化総部への昇格”	
1972	S47	甲山落語研究会	“1972年10月に設立された”	
1991	H3	関西学院ディベートクラブ	“1991年12月、討論倶楽部が誕生した”	
2004	H16	考古学研究会	“文化総部への昇格…は2004年”	
2011	H23	演劇集団関奈月	“2011年3月…に設立された”	
2013	H25	煎茶道部	“2013年から文化総部煎茶道部”	

その他の４総部

創部年		部名称	部　史	発行年
西暦	元号			
原田の森キャンパス時代				
1925	T14	新聞総部	・新聞部 40 年	1963
上ヶ原キャンパス時代・太平洋戦争後				
1946	S21	応援団総部	・関西学院大学応援団総部の 50 年	1996
1952	S27	宗教総部	“学生会の一翼を担う宗教総部を 1952 年に構成”	
1953	S28	総部放送局	“53 年に文化総部の傘下団体”“61 年に…単独総部に昇格した”	

付録　最初の校歌　Old Kwansei

昭和の上ヶ原キャンパスをテーマにした本書で、明治生まれの歌を取り上げるのは適切ではないが、やはり「空の翼」、「緑濃き甲山」、「A Song for Kwansei」を取り上げて、「Old Kwansei」に触れないわけにはいかない。そこで付録の形で加えることにした。

関西学院は創立当初から、英語によるスピーチ、演説、英語劇などを中心にして、年一回公開の英語会というものが催されていたが、その英語会の第五回の公開大会が近づいた頃、歌を加えようという話が起こった。そして一八九九（明治三二）年、ちょうど関西学院創立一〇周年の年に、第二代院長の吉岡美國《よしくに》によって、翌年「関西学院グリークラブ」と命名されることになる男声合唱団が誕生した。これがわが国最古の男声合唱団、関西学院グリークラブである。そして一九〇〇（明治三三）年の英語会で初めて歌われたのが次に紹介する「Old Kwansei」であった。

実はこの Old Kwansei は、アメリカのプリンストン大学のカレッジ・ソング Old Nassau を下敷きに、吉岡院長の姪の岡島まさが改編した、いわば借り物の校歌である。しかし西洋音楽というものがまだ日本に定着していない一三〇年も前の時代を思えば、このような立派な校歌に改編されたことを誇るべきだと思う。

次の訳も、"A Song for Kwansei 同様、東山先生にお願いして分かり易く訳してもらったものである。「Tune ev'ry heart and ev'ry voice, Throw every care away（一人一人の情《こころ》と声の調べに合わせ、心の煩いを打棄てよ）」で始まる歌詞は、原詩が公募に応募した一般学生の当選作ということもあってか分かり易く、説明

わが懐かしの関西学院

東山正芳訳

一人一人の情《こころ》と声の調《しら》べを合わせ
心の煩《わずら》いを打棄てよ。
すべての心を一《いつ》にして喜び
懐かしき母校関学を讃えよ。
関西学院を讃え、
懐かしき関学を讃え、
その子等は生きる限り
関西学院万歳を叫ぶならん。

音楽をして流れ去る時を統《す》べしめ、
喜びをもて日を満たしめよ。
その力もて一人一人の情《こころ》を震《ふる》わし
懐かしき母校関学を讃えよ。
関西学院を讃え、
懐かしき関学を讃え、
その子等は生きる限り
関西学院万歳を叫ぶならん。

我等の編《あ》む花の冠《かんむり》は
しぼむことなく朽《く》ちることなく、
その冠にきらめく宝石は
永遠《とこしえ》にきゆることなし。
永遠にきゆることなき関西学院よ、
永遠にきゆることなし、
その子等は生きる限り
関西学院万歳を叫ぶならん。

Old Kwansei

原曲：「Old Nassau」
作詞：H. P. Peck ／作曲：K. A. Langlotz
改編：岡島まさ、1899

Tune ev'ry heart and ev'ry voice,
Throw ev'ry care away;
Let all with one accord rejoice,
In praise of Old Kwansei;
In praise of Kwansei Gakuin,
In praise Old Kwansei;
Her sons will give, while they shall live,
Banzai, Banzai, Kwansei!

Let music rule the fleeting hour,
Let gladness fill the day;
And thrill each heart with all her power,
In praise of Old Kwansei;
In praise of Kwansei Gakuin,
In praise Old Kwansei;
Her sons will give, while they shall live,
Banzai, Banzai, Kwansei!

No flow'ry chaplet would we twine,
To wither and decay;
The gems that sparkle in her crown,
Shall never pass away;
Shall never pass away Kwansei,
Shall never pass away;
Her sons will give, while they shall live,
Banzai, Banzai, Kwansei!

不要であろう。「Her sons will give, while they shall live, Banzai Kwansei!（その子等は生きる限り、関西学院万歳を叫ぶならん）」とあるように、息子の母校賛歌という形をとっている。

このOld Kwanseiは、「空の翼」ができるまでの約四〇年間は関学の唯一の校歌であった。したがって昔の原田の森の卒業生は、折に触れてこのOld Kwanseiを、如何にも懐かしげに歌う姿を思い出す。例えばサッカー部のかつての名選手、白系ロシアの血を引く後藤靭雄氏などは、宴席などで気分がよくなると、その長身で座敷の真中にそびえるように立ち、Old Kwansei を一番から三番まで、涙を流さんばかりに懐かしげに歌っていた姿が忘れられない。

［参考文献］……………………………………………………………………

今田寛　一九七九　校歌　OLD KWANSEI〝破れ〟を恐れず　関西学院宗教センター

今田寛　一九八一　校歌　"A SONG FOR KWANSEI" 据えられた土台　関西学院宗教センター

今田寛　二〇〇三　目に見えないもの、言葉にならないもの　二瓶社

藤田允　一九八九　関西学院のうた（二）―「OLD KWANSEI」望みはいずこに　関西学院宗教センター

山中源也　一九八一　関西学院八十年史　関西学院グリークラブ部史発行委員会

[執筆者略歴]

今田 寛（いまだ ひろし）

1934 年 兵庫県西宮市生まれ。
Ph.D., 文学博士、関西学院大学名誉教授。
1957 年 関西学院大学文学部心理学科卒業、同大学院博士課程を経て、
1963 年 米アイオワ大学大学院卒業。
関西学院大学専任講師、助教授、教授を歴任。
1997-2002 年関西学院大学学長、2004-2010 年広島女学院大学学長。
専門：学習、動機づけ・情動の心理学。

主要著書・訳書
『恐怖と不安』 誠信書房、『学習の心理学』培風館、W. ジェームス『心理学』（訳）岩波文庫（上・下）、『ことわざと心理学』有斐閣　他

K. G. りぶれっと　No. 46

上ケ原キャンパスあれこれ
昭和前中期の関西学院

2019 年　7 月 31 日 初版第一刷発行
2019 年 11 月 20 日 初版第二刷発行

著　者　今田　寛

発行者　田村和彦
発行所　関西学院大学出版会
所在地　〒 662-0891
　　　　兵庫県西宮市上ケ原一番町 1-155
電　話　0798-53-7002

印　刷　協和印刷株式会社

Printed in Japan by Kwansei Gakuin University Press
ISBN 978-4-86283-284-9

関西学院大学出版会「K・G・りぶれっと」発刊のことば

大学はいうまでもなく、時代の申し子である。

その意味で、大学が生き生きとした活力をいつももっていてほしいというのは、大学を構成するもの達だけではなく、広く一般社会の願いである。

研究、対話の成果である大学内の知的活動を広く社会に評価の場を求める行為が、社会へのさまざまなメッセージとなり、大学の活力のおおきな源泉になりうると信じている。

遅まきながら関西学院大学出版会を立ち上げたのもその一助になりたいためである。

ここに、広く学院内外に執筆者を求め、講義、ゼミ、実習その他授業全般に関する補助教材、あるいは現代社会の諸問題を新たな切り口から解剖した論評などを、できるだけ平易に、かつさまざまな形式によって提供する場を設けることにした。

一冊、四万字を目安として発信されたものが、読み手を通して〈教え―学ぶ〉活動を活性化させ、社会の問題提起となり、時に読み手から発信者への反応を受けて、書き手が応答するなど、「知」の活性化の場となることを期待している。

多くの方々が相互行為としての「大学」をめざして、この場に参加されることを願っている。

二〇〇〇年　四月